フラリーマンの心理を読む

帰る夫のつくりかた

渋谷昌三
Shozo Shibuya

毎日新聞出版

はじめに

お家がだんだん　遠くなる　遠くなる
今来たこの道　帰りゃんせ　帰りゃんせ

『あの町この町』（野口雨情作詞、中山晋平作曲）の一節です。日が暮れてしまい、あわてて家に帰ろうとしても思うように家にたどり着けないときの不安と戸惑い。仕事帰りに、こうした子ども時代と同じような体験をすることがあります。
「家に帰りたくない」「でも、帰るところは家しかない」「どうしよう」などと、本当は帰りたいのに、「なんとなく帰りたくない」と自問自答する思い。学校や塾が終わった後の夜道で、仕事帰りの夜の車中で、こうしたアンビバレントな経験をした人がいると思います。

「フラリーマン」という言葉があります。退社した後、家にまっすぐ帰らないで、当てもなくフラフラと街中をさ迷い歩く男性を見かけます。男性サラリーマンに多く見られることから、私が「フラリーマン」と命名しました。

ＮＨＫの朝の番組を制作するにあたり、夕方から有楽町駅周辺のサラリーマンたちの行動を取材したことがあります。駅前の小さな公園のベンチで、いつまでも夕暮れの人通りを眺めている人やノートパソコンに向き合っている人、ゆっくりとしたおぼつかない足取りで「行きつ戻りつ」を繰り返す人などが散見されました。路地に入ると、お酒の自動販売機にちょっとした行列ができていました。その近くの道端に座りこんでお酒を飲む人やその場で立ち飲みする人、見知らない人どうしで輪になって飲む人などがいました。いずれも男性のサラリーマンでした。冒頭の歌詞と共通する心理が垣間見られます。

十数年前に発刊した『「上司が読める」と面白い』という拙著では、フラリーマンの上司は、早く退社しても家に居場所も存在感もないので、街中をフラフラしていると述べました。職場では有能であっても家庭人としては失格な人物像を描いたのです。今日では、上司だけではなく、サラリーマン全体に広くフラリーマンが生まれていると思います。

本書ではまず最初に、「フラリーマンが誕生する心理的な背景」を考えてみました。サラリーマン自身がワークライフバランスの取り方に戸惑っていることや、妻や家族との人間関係に齟齬《そご》が生じていることなどを説明します。

次に、「帰る夫のつくりかた」を提案します。たとえば、妻がイニシアティブを握って、夫婦で話し合って、「夫が会社から急ぎ足で、まっすぐ家に帰ってきたくなるような誘因を作る」ためのヒントを提案します。そのポイントは、夫婦にとってお互いに快適な居場所をつくること、新婚当時よりラブラブな夫婦関係をつくり直すことです。

最後に、家事や育児は夫婦の共同作業であることを再確認してもらいます。妻の負担が大きい家事と育児に夫が参加すれば「鬼に金棒」です（もちろん、妻が鬼というわけではありませんが）。初心者マークの夫が戦力になれば、フラリーマン夫は自然消滅します。

本書は、フラリーマン夫を持つ妻とフラリーマン夫になるかもしれないと不安な妻、そして、フラリーマンとフラリーマンになる恐怖を感じているサラリーマンにとって、フラリーマン脱却と予防のためのバイブルになるはずです。

目次

第1章　フラリーマンの心の中を読み解く

第2章　夫が帰ってくる家をつくる

第3章　愛情が夫を家につなぎとめる

第4章　家事と育児をする夫に育て直そう

装丁　井上新八
装画　山内庸資
本文デザイン・DTP　明昌堂
編集協力　大谷智通

第1章

フラリーマンの心の中を読み解く

フラリーマンは夫婦関係の黄信号

いま、仕事が早く終わってもなかなか家に帰らず、公園やゲームセンター、家電量販店などに立ち入ってひとり時間を過ごす男性、「フラリーマン」が増えています。

「フラリーマン」とは、私が十数年前に書いた本の中で使った言葉です。当時は団塊の世代が一斉に定年退職を迎えていた時代でした。仕事のみに生きて家庭を顧みなかった夫たちが、定年後に家庭での居場所を失って、夜の街をわけもなくフラフラとしながら時間をつぶす姿を「フラリーマン」と呼んだのです。

しかし、いま私がこの本を書いている2018年時点で、以前のフラリーマンより若い、30代や40代のフラリーマンが急増しているといいます。

若年のフラリーマンがなぜ増加しているのか。

社会情勢の変化によって、夫たちがフラリーマンになる背景が当時とは変わってきているというのが一因です。

政府が進める「働き方改革」や「プレミアムフライデー」の導入によって、労働時間が短縮され、全国のサラリーマンの退社時間が早まりました。ところが、急に時間ができてしまったあらゆる年齢の男性たちが、その時間をうまく使えずに持て余しているのです。

彼らは、家庭での居場所をつくろうとしたのかもしれませんが、共働き夫婦の増加とともに存在感を増した女性に太刀打ちできず、結局、家を居場所とすることができませんでした。

その結果、現代のサラリーマンたちは、仕事が終わってもまっすぐに家に帰ることなく、居酒屋で時間をつぶしたり、バッティングセンターで汗を流したり、習い事を始めてみたり、スマートフォンのゲームで仮想空間のモンスターを探しながら、夜の街を延々と歩いたりしています。ついには、そういうフラリーマンたちのニーズを満たす、安くて長居できる店、趣味に没頭できる施設、遊べるスポットなどを紹介する雑誌まで創刊されるにいたっています。

外で仕事をしているという大義名分の下、家事や育児を妻に任せっきりにしているフラリーマンたちには、女性を中心に反発が出ています。

現代は共働きの家庭が多いですから、働きながら家事や育児をこなしている「ワンオペ妻」たちからは、とりわけ厳しく批判されていることでしょう。

30代から40代の夫婦といえば、子どもが産まれて家事や育児てが大変になる時期です。

その時期の大きな負担を妻一人に押しつけて、夫の方は夜の街をフラフラしているようでは、夫婦の間に必ず大きなひずみができます。即座に離婚というと大げさですが、少なくとも夫婦関係には黄信号がともっている状態です。

本書では、心理学の手法を使ってフラリーマンの心の中を読み解きます。

夫のフラリーマン化を予防し、夫がすでにフラリーマンになってしまっているなら家に帰ってくるようコントロールし、夫が家事や育児に積極的に参加するようになる心理学テクニックも解説します。

円満な夫婦関係を続けるために、ぜひ本書を役立ててください。

時間ができたときこそ、フラリーマンになりやすい

「早く仕事が終わっているはずなのに、どうして帰るのが遅いの」
「男だけがフラフラするのを許されるなんておかしい。私だってフラフラしたいのに」

フラリーマンに対して、こんな思いを抱く女性は多いのではないでしょうか。

「働き方改革」をきっかけに、さらに注目されるようになった「ワークライフバランス」。仕事をすることと、生活を楽しむことのバランスを取りましょうという考え方です。残業が多く、自由な時間を満喫することができなかった人たちにとっては、自分の生活を見直し、家族と過ごす時間を増やすチャンスが到来したというこ

とになります。

それにもかかわらず、仕事に精を出して日々を過ごしてきた男性たちの中には、逆に、どんな「ライフ」を送ろうかと悩んでしまう人もいます。タスクに追われているときは、仕事をするということが、生活を顧みない言い訳になっていました。自分にとって都合の悪いことのつじつま合わせをする、一種の「防衛機制」が働いていたわけです。仕事が早く終わるようになり、そのような口実がなくなって初めて、自分の生活に直面せざるを得なくなったのです。

「ライフ」の拠点は、当然「家庭」となるはずですが、今まで家での立ち位置を考えてこなかった男性たちにとって、即座に居場所の転換をはかることは難しいでしょう。時間ができたからこそ生まれた迷いが、フラリーマン化の一因となっているのかもしれません。

オスは本能的にフラフラしがち

哺乳動物のオスの大半は、核家族（一組の夫婦とその子どもという家族形態）をつくらず、子育てをせず、また巣に居着きにくいという特徴があります。

オスが特定の巣にとどまらずにあちこちで子どもをつくる、ハーレムという配偶システムを採用することで、より種が繁栄してきたということでしょう。

巣にとどまらない――まさに「フラフラ」ですが、そんな哺乳動物の一種である人間のオス（男性）も、本能的にフラフラの要素を持っているといえます。

実際、日本国内の家出人に関係する男女比率の統計を見てみると、男性が女性の2倍近い数に、家を持たないホームレスにいたっては男性が女性の30倍近い数となっているそうです。

人間と他の哺乳動物がちがうのは、人間には高度に愛情という感情が発達しているという点です。そして、この愛情こそが、オスを家にとどめている要素の一つなのです。

ただ、愛情というものは常に変化する頼りないものです。

ですから、多くの社会コミュニティーでは、一夫一妻の結婚制度のような決まりごとや倫理観を導入して、さらに人間の行動を縛っているのです。

すべての男性が本能に従って、家に居着かなくなり、あちこちでハーレムをつくるようになると、社会は混乱しますからね。そう考えると、フラリーマンは、ある意味では、動物としての原点に戻ってしまった人なのかもしれません。

通常は、男女の間に恋心が芽生え、やがてお互いへの愛情に発展し、結婚にいたります。新婚当初はお互いの愛情は強く、特になにもしなくていいのですが、その状態にあぐらをかいて努力を怠っていると、そのうち愛情は冷めていきます。

低下した愛情では、夫を家にとどまらせることができません。

フラリーマンというのは、それまで夫のオスとしての本能を封じ、家につなぎとめていた夫婦間の愛情の糸が切れかかっている状態なのかもしれません。

フラリーマンの3タイプ
——①アンビバレント型フラリーマン

家に帰りたくないというフラリーマンには、大きく分けて3つのタイプがあります。

まず1つ目は、「アンビバレント型フラリーマン」です。
おそらくこのタイプのフラリーマンの割合が最も多いでしょう。
家に帰りたいとは思っているけれど、ちょっと気が重い。帰りたいのに帰れない。なので、寄り道をして、居酒屋や遊技場で無目的にだらだらと時間をつぶしているようなタイプです。

「自宅が近づいてくると足取りが重くなる」

「玄関のドアを開けるときに不安を感じる」

「居間でくつろぐのが苦手である」

「妻との会話（話題づくり）に苦労する」

「食事が用意されているか心配である」


といったことが当てはまるようなら、アンビバレント型が疑われます。

彼らは自宅に漠然とした居づらさを感じています。また、過去に家事のやり方や子どもの寝かしつけで妻を怒らせたことがあり、妻の機嫌をはかりかねています。

アンビバレント型フラリーマンも、新婚当初は、仕事が終われば1秒でも早く帰って愛する人と一緒にいたいと思っていたはずです。

しかし、いつの間にか家に居場所がなくなり、夫婦の間の愛情も冷め、そうではなくなってしまったのです。

フラリーマンの3タイプ
——②山頭火型フラリーマン

2つ目は、「山頭火型フラリーマン」。

これは明治から昭和にかけて活躍した放浪の俳人・種田山頭火にちなんで名付けたものですが、仕事が終わった後、自分勝手に遊んでいるタイプです。

「アフター・ファイブの誘いが多い」
「趣味や習い事がある」
「ウインドーショッピングや街歩きが好きである」
「一人だけでぼんやりと過ごす時間が好きである」
「気になったことに没頭してしまう」

といった人がこの山頭火型です。

家庭を顧みずに飲み会や社交に興じているわけですから、妻の不満も大きくなります。

本人は好きなことをやっていますから、メンタルはいたって良好なことが多いようです。

その一方で、さまざまな趣味や習い事に手を出す人は、表向きは自分に足りないものを埋め合わせているように見えますが、実際は「現実逃避」をしているのかもしれません。

なにも努力しない人よりはいくらかマシですが、達成感を得る前に止めてしまった場合は、心は満たされないままです。

いずれにしても、このタイプの問題は、家庭よりも自分に優先的に時間を使おうとすることです。芸術家肌ともいえますが、遊び人や、多くの女性と浮名をはせた昭和のスターのようなイメージもあります。

同じ男性としては悔しいですが、このタイプは女性にモテます。

山頭火型フラリーマンになるような男性と結婚する女性は、外でなにをしているか分からない夫の「ミステリアスな魅力」に惹かれたというケースが多くあります。

ですから、浮気をしている可能性が高いのもこの山頭火型です。

まめに連絡をしたり、妻との時間も大切にしたりするといった配慮ができれば、良好な夫婦関係も維持できます。

フラリーマンの3タイプ
――③帰宅恐怖症型フラリーマン

3つ目は、「帰宅恐怖症型フラリーマン」。

これは単純に家に帰るのが嫌だというタイプで、かなりの重症です。

「帰宅しても家族から『おかえりなさい』と言ってもらえない」
「家に身の置き場がない」
「連絡をしないと夕食が用意されない」
「妻との間の沈黙に耐えられない」
「夫婦別床である」

というような人がこのタイプで、日常的に家族の就寝時間を過ぎてからようやく、寝るためだけに家に帰るというフラリーマンです。

夫が帰宅恐怖症型フラリーマンになってしまった家庭では、夫婦関係もかなり冷めてしまっています。妻と顔を合わせればささいなことで言い争いに発展します。口論だとしても、会話があればまだマシかもしれません。末期になると、お互いを完全に無視するようになることもあります。

家の中に、夫が帰りたいと思うポジティブな要素がなにもないのです。

たとえば、「家には帰りづらいけど、帰ると愛する子どもが出迎えてくれる」といったポジティブな要素が多少なりともあれば、これがアンビバレント型になります。

ところが、帰宅恐怖症型は、「家に帰りたくない、かといって外でフラフラしているのも楽しいわけでない」というタイプです。

夫の精神状態もあまり良いものではありません。

夫はメンタルをやられ、妻の不満もたまっており、夫婦関係はかなり危機的な状態にあります。

夫が帰宅恐怖症型のフラリーマンになってしまっているようだと、離婚予備軍になります。こうなると、もはや当事者同士では問題を解決することができず、夫婦でのカウンセリングが必要な場合もあります。

小一時間程度のフラフラは大目にみてあげよう

だいぶ脅かしてしまいましたが、自分の時間を一切持たないようにするべきだというわけではありません。あまり気にする必要のないフラフラもあります。

「会社にも家庭にも居場所はあるけれど、自分一人だけの場所や時間もほしい」

そういうサラリーマンが、家に帰る前のほんの小一時間、静かなバーでウイスキーを一杯だけ飲んでリラックスしたり、バッティングセンターでワンゲームだけバットを振って汗を流したりするのは、それほど悪いことではありません。

仕事で興奮した頭をクールダウンさせてストレスを解消する。

日中頭の中に詰めこんだ情報を整理する。

一人だけの時間をつくって疲弊した心を癒やす。

仕事とプライベートを切り替える。

そんな明日への活力を生むようなちょっとしたフラフラであれば、家事や育児を乱されない範囲において、妻は大目にみてあげてもよいでしょう。

私もしばしば、帰宅の途中でカフェにフラッと寄って、紅茶を飲みながらリラックスすることがあります。紅茶を一杯飲むだけの短い時間ですが、心の底から癒やされて、仕事で酷使した頭がスッキリとします。

大げさに言うと、勤め人のモードから夫のモードに切り替えるための「心の準備」です。実際はそんなに大げさなことを考えてはいないのですが、いつしか自然と習慣になってしまいました。

しかし、「ちょっと」ではおさまらず、そのまま居酒屋などにだらだらと居着くようなら話は別。気分転換のツールがお酒というときには、特に注意が必要となります。

不安や不満を紛らわすためにアルコールを飲んでいると、徐々に依存してしまい、量を自分でコントロールできなくなるのです。

最初はちょっとした気分転換だったのに、それが何日も続くうち、いつしか酔っ払った状態で夜遅くに家に帰り、仕事の愚痴を妻に延々とぶつけるということが始まるかもしれません。また、悪い飲み友だちができて、その人の影響でどんどん深酒をするようになるかもしれません。さらに、毎日飲み歩いているようでは、金銭的な負担も大きくなります。

これは典型的な悪いフラフラで、夫婦関係を悪化させ、別居や離婚にいたる道でもあります。

アルコール依存症には、お酒を飲み出すと止められない、お酒のために夫婦関係が悪くなるのがわかっていながら飲むのを止められない、体調が悪くなるのにお酒を飲むのを止められない、といった兆候が現れます。

夫が「いけないとはわかっているのだけど……」と罪悪感を持ちながら飲んで帰ってきているようであれば、妻は注意をしてあげる必要があります。

フラフラしながら無意識に仕事の情報を整理している……こともある

アメリカの実業家ジェームス・ウェブ・ヤングという人が書いた『アイデアのつくり方』という本があります。原書が出てから80年近く、日本語版は発売から30年近く、ずっと売れ続けているロングセラーで、不朽の名著とされています。

この本では、アイデアを出すための方法として、「情報を咀嚼《そしゃく》して頭に入れた後、いったんそれを心の外に放り出さなくてはいけない。音楽を聴いたり、劇場や映画に出かけたり、詩や短編小説を読んだり、別のことをやっているうちに、ごっちゃになっていた情報が意識の外で組み合わさって、突然アイデアが誕生する」というようなことが書かれています。

自覚的かどうかは人によるでしょうが、フラリーマンの一部は、この「アイデアのつくり方」を実践しているのかもしれません。

新しい企画について、現在生じているトラブルの解決方法について、職場の人間関係について……彼らにとってフラフラは、その日の仕事で得た新しい情報を、いったん無意識下におくことで整理し、生まれてきたアイデアを明日からの仕事に生かすために、必要な時間なのかもしれません。

妻としては見極めが難しいかもしれませんが、仕事の延長として必要なフラフラもあるということは、知っておくと良いでしょう。

悪いフラフラを見破るには——夫のウソの見抜き方

「早く帰らなくちゃ」と思いながら、心が重くてなかなか家に帰れない——そんなネガティブな感情に支配されたフラフラは、心がなにかにとらわれた状態で行う「悪いフラフラ」です。決して気分転換にはなりません。気持ちが晴れることもありません。

完全な時間の無駄なのですが、フラリーマンの多くはこの悪いフラフラを行っています。

仕事の後のリフレッシュという目的意識をしっかりと持ってフラフラを行った夫であれば、たとえば、妻が「なんで今日は遅かったの？」と尋ねたとき、アッケラカンと、「ああ、ストレスを発散したくて、ゴルフの打ちっぱなしに行っていたんだ」と答えるかもしれません。
このとき、仕事の後に小一時間程度のフラフラなら、不問で良いでしょう。ここで問い詰めると、夫はウソをつくようになり、そのウソによって罪悪感を抱きながらフラフラするようになります。一度ウソをついた後はウソを重ねますので、そのたびに罪悪感は強くなり、フラフラの質が悪化していきます。

悪いフラフラをしているとき、夫は往々にしてウソをつきます。
最近行われた、共働きの夫婦を対象としたアンケート調査では、男性の4割が『仕事だった』とウソをついて、フラリーマン的な行動をとったことがある」と回答しているそうです（「共働き夫婦の〝家の居心地〟に関する調査」2016年・アットホーム調べ）。

ウソに関する心理学の研究によると、男性は女性よりもウソが下手な人が多いとされています。

「なんで今日は遅かったの？」妻がそうふいに尋ねたところ、夫は、「残業だよ」と素っ気なく手短に答える――これはウソをついたときの応答の典型的でわかりやすいパターンです。

あくまで目安ではありますが、ウソをついているときは、会話の仕方がいつもとは異なり、次のようないくつかの典型的な特徴が出ます。

まず、話のやり取りに余裕がなくなります。ウソをつくことで緊張していますから、冗談などは出てこなくなります。

「なんで今日は遅かったの」と妻に問われて、「浮気をしていたんだよ……ウソウソ。冗談。残業だよ」なんて笑いながら返してくる。この場合は、おそらくウソではない会話です。

また、応答に間がないときもウソの可能性は高くなります。

「なんで今日は遅かったの？」と尋ねられたとき、少し間を置いてから「あーいや、うーん……いま会社が繁忙期でさ。残業だよ」と答えたなら、それはウソではない会話となります。これがウソのときは、あらかじめ質問を想定して答えを用意してきているはずですから、素早く、答えが出てきます。先ほどの「残業だよ」という即答です。

会話だけではありません。人間はウソをつくとき、

「単純な手ぶりが少なくなる」
「顔を手で触るしぐさが増える」
「もじもじするような体全体の動きが多くなる」
「男性なら視線が合うのを避けようとする（女性は逆で、相手を凝視する）」

といったことも、心理学の実験で明らかにされています。

ただ、夫がウソをついているようであっても、ある程度は大目にみてあげましょう。

「子どものウソ」に関する心理学の研究によれば、子どもが初めてウソをついたと

きに問い詰めすぎてしまうと、子どもはウソつきに育ってしまうそうです。

これは夫も同じで、帰りが遅いことを激しく問い詰めたり、食事を抜きにしたりするなどの罰が厳しいと、それが嫌でさらにウソをつくようになってしまいます。「やってられるか」と開き直られてしまったら大変です。

夫のウソを早めに見抜き、どういうフラフラをしているのかを見極め、夫がなにか問題を抱えているようであれば、夫婦で話し合って解決する必要があります。

トラブルを抱えているからフラフラする

私は大学で心理学の講座を担当していたのですが、1つの学期の講座を3回連続で欠席をした学生が、そのまま授業に出てこなくなって単位を落としてしまうということがよくありました。

それは私の講座にかぎった話ではなく、あらゆる講座で統計的にも明らかなようです。

そのため、私の勤めていた大学では、授業の欠席が3回連続した学生がいると、担当教官にインターネット経由で、「この学生には何か問題が生じているようだから、手を打ってください」というアラームがくるようなシステムが導入されていたのです。

フラリーマンも同じです。たまに1日だけ帰宅が遅いというなら、仕事の付き合いで飲まなければいけなかったのかもしれません。2日連続で帰宅が遅い場合も、それくらいの偶然はあるでしょう。ただ、3日連続となると、もうこれは偶然ではなくて、夫自身か夫婦関係になにかのトラブルがあるという、かなり強いアラームです。

人というものは、トラブルを抱えていたり、なにかに不平や不満を持っていたりしても、それをストレートに言葉で表現できないものです。

不安や不満があるなら、身近な人に愚痴の一つでも言えばいいのですが、なかなかそれができない。そして、そのフラストレーションは、問題の本質と直接関係のない行動に表れたりします。

たとえば、仕事でトラブルが生じていたり、家族との関係づくりに悩んでいたりする夫は、携帯に電話をかけても出なくなったり、メッセージアプリを「既読スルー」するようになったり、呼びかけても反応が鈍くなったり、疲れたといって一人でさっさと寝てしまうようになるのです。

フラリーマン化もそんなアラームの1つです。フラフラ行動は、なにかに思うことがある夫が、家庭に対して無意識に、または消極的に、なにかしらのメッセージや警告を送っているのです。

夫の帰りが遅くなったとき、愛情深い妻であれば、夫がなにも言わなくてもそのアラームを察知して理由を推測し、ケアしてあげられるでしょう。

しかし、愛情が冷めていたり、愛があってもたまたま虫の居所が悪かったりして、つい「帰りが遅いじゃない！」などと怒ってしまうこともあるかもしれません。

すでにトラブルを抱えて苦しんでいるのに、ここにきてさらに責められてしまうと、夫のフラフラ行動はより重症化することになります。

家事や育児の役に立たないフラリーマン

夫がフラリーマン化すると、妻もさまざまな悩みを抱え、不満がたまってきます。

多くの妻は、いつ帰ってくるかわからない夫に、家事や育児のスケジュールを乱されて困っていることでしょう。

家事や育児は毎日のことですから、多くの妻はそれらを自分のやりやすい方法に最適化して、ルーティンで回しています。

ふだんから夫が定時であがって決まった時間に帰ってくるならよいのですが、フラフラして日によってちがう時間に帰ってこられても、たとえば食器を洗ったり子どもをお風呂に入れたりするタイミングに困るわけです。

せっかく晩ご飯をつくって待っていたのに、酔っ払って帰ってきて、「外で食べてきた」と言われてはたまったものではありません。

「もう、なによ！　メールで一言、『今晩は食事の用意はいらない』って連絡をくれればいいじゃない！」ということになります。

フラリーマンは仕事が終わっても家に帰ってこないわけですから、平日は家事も育児もやりません。休日だってやらないでしょう。

妻が専業主婦で、夫が会社からもらってくる給料だけで家計をまかなっているという場合は、夫が家事や育児を手伝わないということにある程度の理解はできるかもしれません。現に、少し前までの日本社会はそのような価値観で回っていました。国民的テレビアニメ『サザエさん』のイメージです。

ところが、いまや日本の社会では共働き世帯が多数派です。なのに、共働きの場合でも、なぜか家事や育児の負担は女性の方が圧倒的に大きい。そんな妻の多くは「不公平だ」と憤りを感じているはずです。

フラリーマンがたまに家事や育児を手伝ったとしても、ふだんからやり慣れているわけではないので、まったく役に立ちません。料理をやらせてみればマズいものをつくり、食器もまともに洗えず、子どもをどうやってお風呂に入れたらいいのかわからない。結局、妻がもう一度やり直さないといけない、なんてことが起きます。

そうなると、妻は夫の家事や育児に期待をしなくなり、夫も期待をされていないと感じてさらに家事や育児から遠のくという悪循環が起きます。

家事や育児に関わらないフラリーマンは、妻にとって、手のかかる子どもがもう一人増えるくらいの負担です。しかも、家族の中で一番身体が大きな子どもなのです。

離婚に向かう負のスパイラル

夫がフラリーマン化する問題の根っこは、夫と妻、お互いの共感性が低いということにあります。

夫婦が日常的に会話をしていないか、会話をしていても子どもの話題だけだったりすると、たとえば、「妻がその日、朝起きてから子どもを寝かせるまでどういう生活をしているのか」「夫が会社に行ってどういう仕事をしていて、いつごろ帰ってくるのか」といった、それぞれの一日の行動を把握できません。

お互いの生活のリズムが理解できていないと、夫は「早く帰ったとしても、家事や育児に参加するタイミングがわからないし、邪魔者扱いされる」と感じるようになり、本来は癒やしの場であるはずのわが家に居場所がなくなってしまいます。

そうして夜の街をフラフラし始めると、家のことがもっとわからなくなり、さらに家の中に居場所がなくなります。

妻の方も、夫の帰りが遅い日が続くと、家事や育児に対する不公平感が強くなります。本来、仕事・家事・育児は、夫婦間で「フィフティ・フィフティ＝五分五分」で負担する関係であるべきなのに、フラリーマンは家事と育児をしません。妻からすれば、「自分に家事と育児の負担を一方的に押しつけている夫」への愛情が薄れてくるのは当然のことです。

こうして、夫婦の間の愛情が冷める↓夫のフラリーマン化がますます進行する↓さらに夫婦間の愛情が冷める↓夫はほとんど家に帰ってこなくなる……というような、離婚に向かう負のスパイラルが生じてしまいます。

たとえ、いまはフラリーマンでなくても、夫婦関係の対応の誤りが続いていったん負のスパイラルに陥れば、夫はどんどんフラフラ行動を重症化させていきます。

夫婦はギブアンドテイクの関係で成り立っていることが理解できれば、フラリーマン夫の言動が修正できるし、夫婦関係の改善が期待できます。

妻が夫をコントロールして家に帰す

フラリーマンを生む原因の1つは家庭にあります。

夫婦や親子とはいえ、究極のところでは他人ですから、お互いへの気づかいと敬意が大切です。

それを怠っていながら、「家に居場所がない」とか「夫がまっすぐ家に帰ってこない」などとなげくのではなく、「夫が仕事の後にすぐ帰りたくなる家庭は夫婦が協力してつくるもの」と考え、家族生活の土台となる快適なマイホームと家族間のコミュニケーションのあり方を見直すことが必要不可欠です。

とはいえ、夫がすでにフラリーマンになっている場合、その夫は解決能力をあまり持っていないということになります。ですから、この本では、夫がフラリーマンになっていることに気付いた妻に向けて、さまざまな心理テクニックを使って夫をコントロールし、脱フラリーマン化させる方法を書いています。

自分が、お釈迦さまになったと考えてみてください。

さぁ、まずは夫に、救いの糸を垂らしてあげましょう。そして、夫を手のひらの上に乗せて、揺すって、きれいなお団子にしてあげましょう。丸くなった夫は、また新婚当初のころのように、仕事が終わればまっすぐに家に帰ってくるようになるでしょう。

その具体的な揺すり方を次の章から解説しています。

第2章では、夫が居心地のいいと感じる家づくりについて、家の中に夫が自分の「なわばり」を持てるようになるための具体的な間取りを提案します。

第3章では、夫婦間のコミュニケーションを見直します。

会話のような言語的コミュニケーションのほかに、身ぶりや表情、視線、相手との距離などの非言語的なコミュニケーションも使って、夫婦の間の関係を日々より良いものにしていくための考え方を提案します。

夫が家事や育児の力になれないということが長く続くと、妻は不公平感を覚えるようになり、夫婦関係が心配になってきます。第4章では、妻の負担を減らすため、家事や育児のできる夫に育て直す心理テクニックを解説します。

夫をフラリーマンにしないということは、逆に言うと、夫婦関係や愛情関係が深まるということです。

せっかく好き合って一緒になったわけですから、夫婦が最後まで仲むつまじく添い遂げるため、ぜひ本書の内容を実践してみてください。

第2章

夫が帰ってくる家をつくる

書斎があれば自宅は夫の「巣」になる

動物が食事や休息、繁殖のために、排他的に占有する領域を「なわばり（テリトリー）」といいます。人も動物の一種ですからなわばりをつくりますが、動物よりは柔軟で、なわばりを複数持ったり、他者と共有したりします。

なわばりの中でも、生活を送るメインの場所として特に重要な場所が「巣」です。

フラリーマンの夫は「家に居場所がない」とよく言いますが、これは、心理学的には「巣づくり（居場所づくり）がうまくいっていない」ということになります。

本来、自宅というものは家族全員で共有している巣なのですが、男性と女性では、家を自分の巣と感じる傾向は女性の方が強く、家の中の家具や小物などを自分の居心地の良いようにデザインしているのはたいていい女性である妻の方です。

「家に居場所がない」という夫は、インテリアやものの置き場所をすべて妻に任せているような人で、そういう夫にとって帰宅とは「妻がつくった巣の中に戻ってきている」という感じなのでしょう。

ですから夫は、いきつけの居酒屋や喫茶店といった家の外に、二次的なわばりをいくつもつくります。

妻からすると理解しにくいかもしれませんが、自宅に居場所がないと感じている夫は、そういう「出城」のような安心できる場所で、癒やされようとするのです。

その出城でそれなりに満足して心が癒やされるようだと、「家になかなか帰ってこない＝フラリーマンになる」ということになります。

つまり、フラリーマンを家に帰すためには、夫に「自宅こそが自分の巣である」と強く意識させなければいけないということです。

解決策の一つが、住宅事情にもよりますが、夫に個室を、たとえば、「書斎を用意してあげる」ということです。

個室というものは、もっとも私的で、当人以外の侵入を強く拒むなわばりです。家の中に確固たる自分のなわばりがあれば、そこに入れば癒やされるのですから、夫は家に帰りやすくなります。

個室については、一切を夫に任せることが大切です。私物の置き方はもちろん、掃除などもすべて夫がやるようにします。

きれい好きの妻だと気を利かせて掃除をしたくなるとは思いますが、それだと自分のなわばりであるという意識は持てません。

ただ、個室というものは夫婦間のコミュニケーションを断ち切る役目を果たしてしまうこともあるという点には注意が必要です。

一緒にいることの圧迫感や、二人の間のトラブルから逃避して引きこもる場所になり、解決しないといけない問題を未解決のまま放置してしまう危険もあるのです。

これを回避するためには、夫婦で「個室の鍵はお互い閉めないようにしようね」という決まりをつくるとよいでしょう。

私の家では夫婦別々の仕事部屋を持っていますが、ふだんから部屋のドアはお互いに30センチくらい開けてあります。エアコンのいらないときにはドアは開けっぱなしにしていて、「今日のご飯は何にする?」などと声をかけ合っています。

このようにしておくと、お互い声をかけやすくなり、部屋は別々であってもコミュニケーションが断裂しているという雰囲気にはなりません。

昔の日本の伝統的な家屋では、部屋の仕切りは薄い障子やふすまでした。声や音が筒抜けでも、家族はそれぞれがプライバシーを守り、適切な心の距離を取っていました。わが家では、その時代の感覚に近いものがあると思います。

また、家の間取りにもよりますが、夫に個室を与えるとき、その部屋は居間のすぐ近く、もしくは、居間を通らなければならない場所にドアがあるということが理想的です。そうすると、夫が自分の部屋に出入りする際、必然的に居間にいる家族と顔を合わせる回数が増えます。顔を見れば、言葉を交わす機会も自然と増えるでしょう。

仕事を終えた夫が自分の家に帰ると、自分の書斎があり、家を守ってくれる妻や愛する子どもたちがいる。本来、そのような家になっていれば、夫は仕事が終わればすぐに、癒やしを求めて家に帰りたくなるはずです。

私物で居間になわばりをつくる

個室がもっともわかりやすいのですが、日本の住宅事情では個室を用意することが難しい場合もあるでしょう。そんなときは、個室ではなく、共通の空間でなわばりを分け合うという方法もあります。

たとえば、居間に夫がいつも座る場所を決めてあげる。その際、居間の特定のエリアに夫専用の椅子やクッションなど、なんでもいいので私物を置いてあげるようにします。すると、そこは夫の場所になります。これは、私物による自分のなわばりへのニオイ付け、犬でいうところの「マーキング」にあたります。

私物によるマーキングは、他人に自分のなわばりを宣言するという意味があります。混雑しているカフェやレストランの椅子からちょっと離れてまた戻りたいとき、多くのヒトは私物を残して席を立ちますが、それと同じことです。そこに「夫専用」

といった張り紙が貼ってあるわけではないのですが、居間のその場所は他の家族が暗黙の了解で使わなくなります。

自分のなわばりにした場所は、いつも空いていて、そこに座ればいつも同じ景色が目の前にあることになります。夫はその場所に安心感を抱くでしょう。

家の間取りを見直して夫専用の場所をつくるときには、同時に妻の席や子ども専用の場所もつくってしまうとよいでしょう。それぞれのなわばりができることで、みんなが家への帰巣意識を持てるようになります。

最近では、家を新築したり、リフォームしたりする際に、「ｄｅｎ」という巣や隠れ家を意味する空間をつくる夫婦が増えているそうです。

階段がある家なら階段の下の空きスペースに小さなテーブルを置いて夫が趣味に打ちこめる場所にしたり、台所そばのスペースに可動仕切りを置いて妻が音楽や書き物を楽しめる場所にしたりする。狭くてもいいので、そういう自分の居場所を家の中に確保しておくことが、自宅を巣と認識するためには重要なのです。

居間を機能させよう

居間は、夫だけでなく、家族全員が頻繁《ひんぱん》に出入りし、リラックスし、そこでコミュニケーションを交わすような場所であることが理想的です。居間を家族全員がなわばりを分け合う空間にできれば、家族関係もうまくいきます。

逆に、居間がうまく機能していない家庭は家族間に問題を抱えやすくなるそうです。実際、「登校拒否や家庭内暴力といった問題を起こす子どもの家では、居間が機能を果たしていない」という研究報告もあります。

たとえば、帰宅したとき、家族の目を避けて玄関から直接自室に行けたり、居間が通路のようになっていたりすると、居間本来の機能が損なわれてしまいます。これでは居間が落ち着いて憩える空間にならなくなります。

また、家族が考える居間の場所がバラバラなのもダメです。それでは、家族が共有するなわばりがあるとはいえません。

居間を機能させるには、家族共有のなわばりにする必要があります。たとえば、先ほど述べたように、居間に家族のそれぞれが自分専用の椅子やクッションを持つということは、なわばり感覚をつくるという点で効果的です。

居間に行きたくなるような動機を用意しておくのもよいでしょう。

大型のテレビを設置する、さりげなくお菓子をおいておく、いつでも家族の誰かがいて楽しい会話ができるよう心がける……そういった工夫を心がけておくと、家族は居間に行きたくなります。

夫のコレクションを勝手に捨ててはいけない

男性というのは何かにつけて収集癖があります。

それは、時計やインテリアのような高価なものにかぎらず、プラモデルやマンガ本、はたまたペットボトル飲料のオマケに付いているフィギュアのような、一見してつまらないものだったりします。

高価なものならいざ知らず、夫がゴミのようなフィギュアをせっせと家に持ち帰って、自室に並べていることを妻は理解できないかもしれません。

しかし、夫にとっては、そのゴミのようなものが自分のアイデンティティーの1つだったりします。オスは本能的に狩りをする生き物であるとされていますが、夫がなにかとものを収集（ハント）するのは、そういうオスの本能のようなものなのでしょう。

夫は、仕事で疲れて帰ってきた後、自分のなわばりの中で、自らがハントした「戦利品」に囲まれて、癒やされたり、悦に入ったりしています。

カラスが自分の巣の中に、どこかで拾ってきたお気に入りのボタンだとかクリップだとかをためこむことが知られていますが、それと似たようなものです。

ものを収集して自分の部屋に飾ったりしている夫は、なかば本能的に自分が安らげる巣づくりをしているのです。

ところが、この夫のコレクションがある日突然、妻に捨てられてしまうということがあります。最近だと、多少価値のあるものはフリマアプリで売られてしまうこともあるそうです。

家に帰ってきたら、「コツコツとシリーズで集めていたマンガの本が処分されていて愕然《がくぜん》とした」とか、「大事にしていたプラモデルのコレクションがなくなっていて膝から崩れ落ちた」という夫の「被害報告」が雑誌のインタビューではよく語られています。

夫のコレクションを処分した妻は「本当に必要なものなら、また買い直せばいいじゃない」と思っているかもしれませんが、戦利品というものはなわばりのサインですから、これは「なわばり荒らし」にあたるNG行為です。

他人からすれば価値のないものでも、それを収集した夫にとっては自らのアイデンティティーそのものです。それを勝手に処分してしまうということは、アイデンティティーの突然の喪失になります。

ゴミを散らかしているように見えても、それを配置した本人にとっては、並べ方や置き方に、自分なりの安心できるこだわりがあったのです。

その状態が崩れてしまうと、そこはもはや自分の巣ではなくなってしまいます。

「また買い直せば済む」では済まないのです。

夫が家の中にコツコツとつくりあげてきたなわばりを、妻が壊してしまったということになります。

夫は、単にものがなくなったということ以上に、

「自分の居場所が失われてしまった」

「自分の尊厳がないがしろにされてしまった」

と感じるでしょう。

たかが夫のフィギュアを捨てたことがきっかけで、最終的には離婚になったというケースもあるそうです。


しかし、きれい好きの妻ですと、部屋が夫の収集物で汚れていくのが、がまんできないでしょう。では、どうすればよいかというと、夫の了解の上で、夫と一緒に片付けをするのです。


「夫の個室に勝手に入って掃除したり、整理したりはしない」

「コレクションをしまっておく棚を用意して、そこに入る分は自由に集めても大丈夫というように夫婦で取り決める。その棚を、妻は触らない」

「あまりにものが増えすぎたら、棚からあふれた分に関しては、夫が自らの手で処分することを納得してもらう」

妻が勝手にものを片付けてしまうと夫のなわばり感覚は失われてしまいますが、このような取り決めのもと、夫婦で一緒に片付けをするようにすれば、夫自身を主体にした新しいなわばり感覚ができるのです。

夫の衣服は夫自身にしまわせる

「夫は帰ってくると、服はそこら辺にぬぎっぱなし、カバンも放りっぱなしで嫌になっちゃう」

そんな不満を抱いている妻も多いでしょう。きれい好きの人にとって、汚れ物を家の中のあちこちに放置されるのは、とうてい耐えられるものではありません。

そんなとき、気の利いた妻であれば、「またこんなに散らかして……」とため息をつきながらも、汚れた衣類を洗濯機で洗って、畳んで、衣装ケースにしまってと、自分一人で片付けてしまいます。

ですが、妻がよかれと思ってやっていることのような行為が、ある意味では、夫の居場所感を奪っていることがあります。

衣服をあちこちに脱ぎ散らかしている夫は、動物が自分のなわばりにマーキングをするように、家のあちこちに「ニオイ付け」しているのです。端から見ればただ汚れ物が散乱しているだけでも、夫にとってそこは、自分のニオイが付着した居心地の良い場所というわけです。

このニオイを他人が勝手に取り去ってしまうというのは、収集物を勝手に捨てるのと同様に「なわばり荒らし」です。

多くの妻はよかれと思ってやっているのだと思いますが、実はこの「よかれと思って」もクセモノで、家の中を自分の思うように整理してなわばりにしたいという意識の表れだったりします。

そうなると、夫は家に居場所を感じられず、窮屈に感じてしまいます。

ただ、汚れ物を散らかされる一方というのも困りますね。自分で洗濯をする夫は少数派でしょうから、家の中に汚れ物がどんどんたまっていくことになります。

ではどうすれば良いかというと、洗濯は妻がやるとしても、衣類をしまうのは夫自身にやってもらうのです。

たとえば我が家では、自分の汚れ物を洗濯かごに入れておくと、妻が洗濯をして乾燥させた衣類を畳んで棚に置いてくれます。その後、自分の衣類はそれぞれが自分のタンスや引き出しにしまうようにしています。つまり、自分のテリトリーづくりですね。

妻によって衣類がきれいになって、勝手に衣装ケースにしまわれても、夫からしてみれば、それは自分が置いたものではないわけですから、お店の棚にならんでいる服を見るようなものです。

自分の衣類を、自分のスペースに、自分でしまうことで、家の中になわばり感ができるのです。これは、夫にある程度の家事をやってもらうということにもつながります。

妻が何でも一人で片付けすぎるというのも良くないのです。

夫に家具を配置させる

結婚して新居での生活を始めた後、自分の家の中を細かく整えるのに積極的なのは女性の方です。家の中の各部屋にどんな家具をどう配置するか、台所の調理器具や食器はなにを使ってどうしまうか、それらはたいてい妻が決めているはずです。

それは、共働きの夫婦でも同じで、やはり女性の方が「巣を整えていきたい」という思いが強いのです。家というのは基本的に奥さんの巣になっていて、夫は居場所感を抱きにくいでしょう。

夫に家を自分の巣と思ってもらうためには、「手あか感」というものが重要になります。

私の友人に日曜大工が趣味で、自宅の棚やらテーブルやら、あらゆる家具を自分でつくってしまった人がいますが、日曜大工というのは、まさに巣づくりそのものです。そういう人はフラリーマンになりません。

ですから、フラリーマンになってしまった夫には、たとえば、妻が「あそこに棚をつくって」とお願いしてみるのも良いでしょう。

すると、夫は家に帰ってきて自分がつくった棚を見る度に、「あれは俺がつくった棚だ」というなわばり感覚が生じるようになります。

日曜大工は器用でないと難しいと思いますが、組み立て式の家具を組み立ててもらったり、いくつかの部屋の家具のレイアウトは改めて夫に決めてもらい、そのレイアウトに従って重い家具を動かしてもらったり、といったことならハードルは低いでしょう。

そういう自分の意思と力が働いたものが家の中にあること、すなわち「手あか感」というのが良いのです。

妻にしてみても、家具の設置のような力仕事は夫に頼みやすいはずです。このとき、「やっぱり男性の方が力は強いわね。私じゃとても運べなかったわ」というように、相手を立ててあげるとより効果的です。

これは心理学的には「自己卑下による迎合行動」といいますが、相手に好意を抱かせ、「自分が助けてあげなくちゃ」という行動を引き出すためのテクニックの1つです。

妻のなわばりも大切

夫のなわばりについてばかり書いてきましたが、妻のなわばりも重要です。

一緒に暮らしている未婚のカップルが後に別れたか、結婚をしたかについて調べた研究がありますが、結婚に至ったカップルは、お互いのなわばり感覚がはっきりしていたそうです。

つまり、それぞれが物をしまう引き出しが決まっていたり、いつも座る椅子が決まっていたり、ツインベッドであればどちら側で眠るかということが、はっきりと決まっていたということです。

別れてしまったカップルは、「いまの関係は一時的なものだから、お互いのなわばりを取り決めることにあまり意味がない」と考えていたようです。

つまり、家の中でなわばりをはっきりとさせることは、長期的な関係を持続させましょうという意思表示でもあるのです。

ですから、家の中では、妻のなわばりも用意しておく必要があります。夫婦それぞれのなわばりをつくり、お互いがそれをしっかり認識しておくことが大事なのです。

ただ、夫より家にいる時間が長い妻であれば、夫のように、なわばりに特別な気づかいをしなくてもよいかもしれません。

テレビの前のソファに横並びで座ろう

以前、私は実験で、「人間は近くに座った人が好きになる」ということを確認したことがあります。

女性に一定時間、二人の男性と会話をしてもらうのですが、一人の男性は女性と50センチの距離に、もう一人の男性は240センチの距離にいます。

すると、話の内容や話し方、ハンサム度など、男性の魅力はほぼ同程度であったにもかかわらず、圧倒的に「50センチの距離にいた」男性に好意を持つ女性が多かったのです。

一般的に、人は好きな人には接近しますが、嫌いな人からは遠ざかろうとする心理原則があります。

この原則にしたがえば、近くに座ってくれた異性は自分に好意を持っているとみなされます。人は自分に好意を寄せてくれる異性に好意を持ちやすいため、近くに座った人に好意を持つことになります。

つまり、人は一般的に「親しいから近くにいて、近くにいるから親しい」のです。実はこのとき、特に会話をする必要もなくて、相手のそばにいるだけで親しみがわくようです。さらに自分の横、片腕の距離に相手を入れると親密さのさらなるアピールになります。

ですから、居間に大型テレビがあって、その正面にベンチ型のソファが置いてあるような間取りは、良好な夫婦仲を保つのに効果的です。

わが家ではよく夫婦で一緒にテレビドラマを見るのですが、このとき、私は妻とソファで「横並びで座る」ということを意識しています。

心理学では、正面で座ることは、対立や交渉の関係性を意味しますが、横並びは親密な関係性を表し、気持ちの一体感が生まれやすいのです。

相手の肩に腕がまわり、スキンシップが取りやすいというメリットもあります。

実際、ドラマを見ながらなので、特に積極的に会話をしているわけではないのですが、それでいてお互いがリラックスしていて、心が通じ合っている感じはします。

もっとも、ときには夫婦して居眠りしていることもありますが。

最近では、国内外の面白い番組が大量にネット配信されていて、それぞれが個室にスマートフォンやタブレットを持ちこんで、自分の好きな番組を一人で見ていることの方が多いようです。

しかし、ここはあえて、夫婦共有のなわばりである居間で、ソファなどに横並びに座って見るようにしましょう。

海外の人気ドラマだと、1つのタイトルが何シーズンも続いており、数百話がネット配信されています。

最近のテレビはインターネットにもつながりますから、海外ドラマを居間の大型テレビに映して、平日の夜に1話ずつ夫婦一緒に見る、会話をする、一緒に泣く、笑う、そういうことを習慣にしてみると良いのではないでしょうか。

玄関で目を見て「ただいま」「おかえり」

玄関は、自宅という強力ななわばりへの入り口であると同時に、精神的な関所でもあります。

みなさんも、自宅の玄関を開けて中に入ると、気持ちが切り替わり、なんともいえない安堵感を味わうという経験はおありでしょう。

夫があいさつもなく、無言で家の中に入ってくるような帰宅をしているときは要注意です。

精神的なインパクトが弱く、それでは、自宅になわばり意識が持てないかもしれません。夫にこっそり忍び足で家に入ってこられては、妻も気持ちよくないでしょう。

そのため、玄関に入る際には、儀式なり手続きを取ることになります。なにも難しい話ではありません。夫は鍵を持っていても、インターホンを鳴らして帰りを知らせ、笑顔で家族の顔を見て「ただいま」を言うようにするのです。

仕事を終えて家に帰ってきた夫には「報酬」を用意してあげることも大切です。家族が玄関まで迎えに出てあげて、ちゃんと夫の目を見ながら「おかえりなさい。お疲れさま」と言ってあげるのです。

時間帯的に妻は晩ご飯の支度中だったりして手が離せないかもしれませんが、それでもいったんは手を止めて顔を見せに出る。または、子どもがいるなら、「お父さんおかえり」と必ず出迎えにいかせるよう習慣づけると良いでしょう。

『サザエさん』でよく見る光景です。サザエさんというものは、やはり理想の家族を体現しているのです。

これが海外ドラマだと、妻や子どもがワーッとお父さんの下にかけ寄ってハグをしたりしますが、日本人だと少し照れくさいかもしれませんね。でも、視線を合わせて、できれば笑顔で「おかえり」と言うだけでも、夫は十分な報酬だと感じるはずです。その日一日の労働が報われる瞬間です。

人間がある行動をするとき、それを引き起こす原因を「誘因」といいます。多くの場合、「そうすると心地良いから」ということが誘因になります。この場合は、愛する妻や子どもの出迎えです。

自宅の玄関にこのような誘因が用意されていれば、夫は仕事が終わり次第、家に帰ってくるようになるでしょう。

夫婦はできるだけ一緒に食事をしよう

食事というのは家族の会話が行われる貴重な機会です。

昔は「物を食べながら話すのは行儀が良くない」などとされることもありましたが、現代においては、会食をしながらビジネスの案件を詰めたり、晩餐会で親睦を深めたりといったことは当たり前に行われています。


一緒に物を食べることを「共食」といいますが、共食には多くのポジティブな効果があります。

まず、テーブルというかぎられた面積の場所に座って行われる食事では、視線が合いやすく、そこに座っている人間同士は会話が生じやすくなります。食事をしながらコミュニケーションが取れるのです。

また、おいしいものを食べているときは気分が良いし、リラックスもしています。幸せな気持ちでいるときの話というものは、相手に好意的に受け取ってもらえることが多いのです。アメリカで行われたある実験では、電話ボックスのコイン返却口でコインを拾った人は、その後、人に親切にする可能性が高いということが示されています。気分がいいとき、人はみんな他人に親切になれるということです。

さらに、楽しい食事をしながら話したことは、「連合の原理」という心理法則が働くため、忘れにくいといいます。夫婦が楽しい食事を積み重ねれば、その記憶が鮮明に残るのです。

共食には人と親密になれるこれだけの効果があるのですから、夫婦はできるだけ一緒に食事をするべきです。

ちなみに、ビジネスの世界では食事をしながら商談が行われるということを書きましたが、食事をしながら商談をすると説得効果が高まるということは、すでにいくつもの心理学の実験で確かめられており、「ランチョン・テクニック」と呼ばれています。

誰しも口の中に食べ物があるときは、反論したり質問をしたりしにくくなります。話を一方的に聞かざるを得ないから、説得しやすくなるのです。

これを応用すると、妻が夫になにかお願いしたいときは、「食事中に話を切り出すとよい」ということになります。

家庭料理にこだわる必要はない

夫婦関係が冷えてくると、夫婦は別々に食事をするようになります。

新婚当初は残業などで夫の帰りが多少遅れても、妻も晩ご飯を食べずに待っていたはずですが、やがて子どもと一緒に先に食べるようになります。夫が帰ってきてから取り分けておいた料理を温め直すのならまだいいですが、それもしなくなって、「遅くなるなら食べてきちゃってよ」となると、夫婦関係は深刻です。


前にもご説明したように、食事は家族の心をつなぎとめる重要な要素です。

また、人間というものは「なにかいいこと」「自分が得すること」があると、そこに引き寄せられます。つまり、家に帰ればおいしいものが食べられると思えば、夫も会社帰りに寄り道をしなくなります。家に用意されているおいしい食事が、夫をまっすぐ帰宅させる誘因となるのです。

とはいえ、最近増えている共働きの家庭では、料理をする時間が取れないというこ ともあると思います。

食事は家庭料理である必要はありませんので、たとえばデパ地下で買ってきた惣菜でも、通信販売で買ったおいしいお取り寄せ食材でもかまいません。家庭での手料理にこだわって、共食の機会を逃すほうが損失が大きいでしょう。

要は、「一緒に食事をする」ということが大事なのです。

その際、お互いの味の好みを理解し、それに合致した料理を用意すると、それが最高の愛情表現になります。

「自分の好きなものをわかってくれているんだ」「自分の好みを気にかけてくれているんだ」という気持ちが、好意につながるのです。

家の中でもホウレンソウ
——メッセージアプリを使いこなそう

「子どもの寝かしつけのタイミングで帰宅する」

「食事が用意されていない」

こういった生活の齟齬を回避するためには、夫婦間の情報共有が大切です。

ビジネスマンの世界では「報告・連絡・相談」、いわゆる「ホウレンソウ（報連相）」が仕事の基本であるとされていますが、それは夫婦の間でも同じです。

詳しくは次の第3章でご説明しますが、男性は結婚すると妻との「一心同体感」が強まり、積極的な情報の交換をやらなくなります。

世の中の多くの夫は、いきなり帰ったとしても、「妻なんだから、夫が帰ってくる時間くらいなんとなくわかるだろう」と思いこんでいるのです。

一般的に、家族というものは心が結び付いた非常に特殊な集団と考えられがちですが、実際のところは、法律で縛られているにしても、心理的な縛りというのはそれほどありません。特別な集まりではないのです。

愛情や倫理観というものはあるでしょうが、かなり移ろいやすく、その証拠に愛情がなくなると家族は一気に崩壊してしまいます。

心理学の視点では、家族というものは、会社と同じく、個人が集まってできている「家族集団」という組織体になります。その中で、それぞれの個人が、夫や妻の役割、お父さんやお母さんの役割、子どもの役割を担っているのです。

多くの夫が抱いているような、一心同体、以心伝心的な家族観というのは、それはそれで悪くはありません。

しかし、そのせいで家族が会話不足、コミュニケーション不足になっているとすれば、家族という組織体の間にも、会社のような報連相の仕組みを早急に導入する必要があるでしょう。

その際、スマートフォンのメッセージアプリは夫婦の強力な味方になります。

いまや日本人のメッセージアプリの利用率はゆうに7割を超え、夫婦の間の連絡手段においても欠かせないものになっているはずです。

メッセージアプリは電話やメールよりも手軽に、タイミングを選ばず、情報を送れることが大きな強みです。

夫「いま会社を出たよ。19時に帰宅予定です」
妻「今日は炊き込みご飯をつくっています」
夫「やったー」
妻「子どもをそろそろお風呂に入れないと」
夫「もうすぐ家に着くから僕が入れるよ」

たとえばこのように、業務連絡的に自分の情報を送るだけで、夫婦がお互いの生活のスケジュールをシェアできます。

仕事の人間関係では当然行っていることを、夫婦間で行うだけのことです。

ちなみに、この業務連絡に感情や気持ちを加えると、夫婦の絆がより深まります。たとえば、メッセージの終わりに、ハートやキスマークのスタンプを1つ加えるだけも、夫婦の間の愛情は高まるのです。口に出したり、文字に書いたりすることは照れくさくても、メッセージアプリのスタンプなら送りやすいですよね。

仕事の事務連絡に愛情表現を加えることはないと思いますが、家族の間の連絡では、気持ちを積極的に表に出して共有していきましょう。

夫婦は名前で呼び合おう

「家族は会社と同じ組織体」と述べましたが、杓子定規《しゃくし》に組織の考えを適用すればいいというわけでもありません。

たとえば、子どもがいる夫婦がお互いを呼び合うとき、組織の考えでは、家族内の役職名である「パパ、ママ」とか「お父さん、お母さん」というふうにお互いを呼ぶのでしょうが、ここはそれぞれ名前で呼ぶ方が良いでしょう。

日本人の夫婦は子どもができるとお互いを役職名で呼ぶことが多いのですが、これは世界的にも珍しい方です。欧米では、夫、妻、子どもは、家族という組織の一員である前に、独立した人格をもつ個人と考えますから、たとえ子どもができて役割が変わっても、夫婦はお互いに名前で呼び合うのが一般的です。

日本人の結婚観では、家族というものは、家庭の中のそれぞれの役割が重視されます。役割でつながった家庭は、夫婦間の愛情が冷めてしまっても、関係をある程度維持できるというメリットはあります。しかし、それでは、夫婦の愛情関係に危機が生じていてもすぐに離婚とはなりませんから、問題が先送りにされてしまうこともあるでしょう。

私はスクールカウンセラーもやっていましたが、経験上、問題のある家族の多くでは、夫と妻がそれぞれを「パパ、ママ」といった役職名で呼び合っています。役職名を使うことで、夫婦関係が希薄でも、夫と子ども、妻と子どものつながりでなんとか家族関係が成り立っているのです。

ただやはり、夫婦というものは愛情でつながっているべきです。そのために、より親しみをこめやすい名前で、夫婦は呼び合うとよいのではないでしょうか。

第3章

愛情が夫を家につなぎとめる

常にエネルギーを注ぎ続けなければ夫婦の愛情は冷めていく

ある研究で、男性と女性に、「自分の前に突然、理想的な異性が現れたとしたら、あなたはその人と結婚することができますか？」という質問をしたところ、女性の3分の2以上が「結婚する」と答えました。それに対し、男性で「結婚する」と答えた人は、3分の1以下でした。

どうしてこのような結果になるかというと、女性というものは功利的で条件が良ければ愛情が育ってなくても結婚できる——というわけではなく、多くの女性が「結婚してからでも愛情はつくることができる」と考えるからです。

多くの男性は、愛情関係というものはつくり上げるのが難しいと感じる一方、一度築き上げてしまえば、その後も「ずっとそこにあるもの」と考えがちです。しかし、女性の方はそう考えていません。男性の思いこみは、大きな誤りということです。

「夫婦は特別な関係なのだから放っておいても壊れない」
「信用しているし、細かいことは言わなくてもわかってくれている」
「努力しなくても、この関係は続く」

世の中の多くの夫はこう考えているでしょう。しかし、妻の方は、日々、夫との愛情関係を更新し続けています。

愛情を抱いているというサインをお互いが常に送り合うようにしなければ、愛情は冷めていき、やがては枯渇してしまうということです。

結婚して夫婦になる前は、お互い頻繁に連絡を取り合い、なにかにつけてはデートをして、記念日は一緒に祝い、会えない日が少しでも続けば「どうしたの?」と問い合わせたはずです。

そんな膨大なエネルギーを使って二人の関係を維持していたものが、法律上、夫婦になったというだけで、努力が不要になるはずはないのです。

夫が考えているように、お互いが、もしくはどちらか一方が何も努力をしないでいると、夫婦関係というものはどんどん悪化していきます。

1日なら微々たる変動でも、それが1カ月、1年、10年と積み重なれば、かなりの変化になります。ただ、毎日一緒に生活していると、この変化にはなかなか気付けないものです。妻はまだしも、はなから「夫婦間の愛情は不変だ」と思いこんでいるような夫ならなおさらです。

その証拠に、熟年離婚においては話を切り出すのは圧倒的に妻であることが多いといいます。

夫婦という他人同士が一つ屋根の下で生活を続けていくためには、愛情をいかに高い状態で維持していくかが重要となります。それには、相応のエネルギーを常に注ぎ続ける必要があるのです。

夫は「夫婦は一心同体」と考え、妻は「夫婦は他人」と考える

男性と女性では、結婚に対する考え方が異なります。

ある調査で、結婚している男女に「夫婦は他人だと思いますか?」と質問したところ、男性の約3分の2は「ノー」と答え、女性の約3分の2は逆に「イエス」と答えるという結果が得られました。

男性は結婚すると妻との「一心同体感」が出るのに対し、女性は「夫婦は他人」と考えるということです。


妻の方が冷たいというわけではありません。統計的に、女性の方が関係性というものに敏感なのです。

「夫婦は合わせ物離れ物」などと言ったりもしますが、結局のところ、夫婦は他人

同士がたまたま一緒に住んでいるだけです。

前にも書きましたが、妻は日々、夫との関係を更新し続けて、二人の関係をより良くする努力を怠らないのです。ですから女性は、誕生日や記念日をいつだって気にしています。

結婚をする前は夫もそうだったはずです。

良い関係をつくるために、記念日には一緒に外で食事をしたり、プレゼントを贈ったり、愛をささやいたり、事あるごとにそういうことをして、より良い関係を築こうとしていたと思います。

しかし、いったん結婚をすると、男性はそういうことをしなくなってしまいます。まさに、「釣った魚には餌をやらない」という状態です。

「夫婦は特別な関係だから、放っておいても壊れない。お互いを信頼しているから、努力せずとも関係は続くでしょ」という思いこみです。

そうやって、夫の多くは妻に対して特別なことをしなくなります。以前のように映画や旅行に誘うこともなくなるし、結婚記念日や誕生日を祝うこともしなくなるのです。

しかし実際は、たとえ夫婦であっても関係性というものは常に変化しています。前にも書いたように、愛情は冷めていきますし、たとえば、けんかをすれば、関係性は一気に悪化するので、それを元に戻すような関係の修復が必要となります。

心理学的な視点では、「夫婦は他人」と考える女性の方が正しいのです。

男性の多くは関係性の変化に鈍感で、女性よりも他人との関係を築いていくのが下手です。ですから、結婚と同時に、親しい関係はずっと同じレベルで継続すると思いこんで、楽をしようとしているのです。

そして、この「夫婦は一心同体」という男性の誤った思いこみは、やがて大きな落とし穴となります。

関係性を更新しない夫は離婚の危機を乗り越えられない

夫婦が離婚の危機を迎えたとき、「夫婦は一心同体」だと思っている男性は、もろさをさらけ出してしまいます。

これまでずっと一心同体だと思いこんできただけに、それがうまくいっていなかったとなると、「もうダメだ。別れるしかない」と短絡的な結論にいたりやすいのです。

一方、夫婦を他人だと考えて、日々、関係を更新し続けている女性は、「もう一度話し合いましょう。やり直せるかもしれない」と考えます。

反対の場合もあります。

最近、夫が定年退職した後の熟年離婚が増えていますが、妻から離婚を切り出された夫の多くが「寝耳に水」だったといいます。

これは、夫が一心同体という思いこみの上にあぐらをかいて、冷えていく夫婦関係に気付かない、またはうすうす気付いてはいたけど問題を棚上げしているうちに、妻の方はどんどん関係性を更新していたということです。

一方で、妻の方は、夫婦間の問題について気付いた時点で、来るべき事態に備えて着々と準備を進めています。貯蓄に励み、不動産の名義を共有にし、離婚届を突きつけるタイミングをうかがっているのです。

熟年離婚では、夫婦関係は変わらないと思いこんで、問題を棚上げにしている夫の側に主な原因があります。

実際は、家庭をつくった後も、男女は関係性を維持するために相当の努力をし続けないといけません。夫婦の関係性というものは常に変化していくからです。

「昨日の夫婦は今日の夫婦とはちがう」という感覚で、一日一日を積み重ねていく必要があります。

私は寝る前に、「明日、もしかしたら妻とは会えないかもしれないな」と考えることがあります。

私くらいの年齢になると、夜中に脳梗塞や心筋梗塞を起こして、そのまま死んでしまうなんてことはよくあります。通勤中に災害にあって、そのままということだって可能性としてはあります。東日本大震災を経験してからは、特にそのような思いが強くなりました。

あまり深刻になる必要はありませんが、今日は今日で一日のお付き合い、明日は明日でまた新しいお付き合い。そういう一期一会の感覚を意識下においておきましょう。そうして、日々、関係性をつくっていく努力が夫婦には必要です。

感情を絡めた会話で「自己開示」をしよう

夫のフラフラ行動は夫婦間の愛情が低下していることが一因です。したがって、愛情を回復させるということが、夫を脱フラリーマン化する方法の一つとなります。そのために必要となるのが夫婦間のコミュニケーションです。人はコミュニケーションによって情報を発信し合い、お互いの情報を共有して、信頼や愛情を高めていきます。

コミュニケーションには、会話という「言語」を使ったコミュニケーションと、視線や身ぶり手ぶりといった「非言語的」なコミュニケーションの2種類がありますが、まずは、会話についてご説明しましょう。

自分自身の情報を言葉で正しく伝えることを、心理学用語で「自己開示」といいます。会話による自らの情報の公開、つまりプライバシーの告白は、それを打ち明けた相手との信頼関係を強くする推進力となります。

自己開示は相手の自己開示も促します。これが、心理学でいうところの「相互開示」です。

たとえば、夫が妻に「最近、仕事がつまらないんだよね」と相談したとします。すると、この告白に対して、妻が「実は私も、ずっと、ママ友の一人と気が合わないのよ。でも、ある程度割り切ってしまえばね……」というように、相手が同じレベルで自己開示をし、アドバイスすることが多いのです。

つまり、夫婦で日常的に会話のキャッチボールを行い、お互いに自己開示を繰り返すことが大切です。

いままで話してこなかった自分のことを話し、いままで知らなかった相手のことを知る。一方が深い自己開示をすればするほど、相手も深い自己開示で応えるため、自然に親しみや愛情が深まるのです。

単純に情報交換をするような会話にもそれなりに夫婦間の愛情を育む効果はありますが、会話の質をより高めるためには、いくつかのポイントがあります。

まず、単純な事務報告だけで済ませないということです。

これは第2章の最後でご説明したように、自分自身の感情を絡めた「報連相」をしましょうということ。

次に、自分一人で解決できるようなことでも、相手に相談して同じテーマを共有するということです。

たとえば、夫が夕飯のメニューに希望があるとき、「晩ご飯は肉にしてくれよ」というような頼み方では、妻は「了解」というだけの事務的なやり取りで終わってしまいます。

これは、会社などで使われている情報交換型の会話です。信頼や愛情はそれなりにしか築かれません。

質の高い夫婦間の会話には、ここに感情が加わります。

先の例であれば、夫は「最近、どうもスタミナが落ちてきている気がするんだよね。ここらで、肉をいれておきたいなぁ」と情緒的にお願いをしてみるのです。

すると、妻も「仕事が忙しいの？　毎日ご苦労さま」と夫をねぎらいつつ、「そういえば、ここのところ晩ご飯は魚介が続いていたわね。じゃあ、今日は思い切って高いお肉を買ってくるわね！」と答えるかもしれません。

それに対して夫は、「やった！　なら今日は一緒にワインを飲もう。ずっと大事に取っておいたものがあるから」というように、さらに自分の感情を表現するかもしれません。

どうでしょうか。同じ夕食のメニューをテーマにした会話でも、先に示した業務連絡のような会話とはかなりちがいませんか。

会話に感情を加えることを少し意識するだけで、夫婦の間の感情交流はこんなにも広がっていくのです。

男はテーマのない会話が苦手である

心理学では、男性と女性とで会話に対する意味合いがちがうということが知られています。女性は人間関係を深めるために会話を行い、一方、男性は当面の問題を解決するために会話を行うのです。

これはどういうことかというと、女性は明確なテーマがなくても感情の交流を目的とした雑談を延々と続けることができますが、男性は、一見目的のない雑談のようなものを非常に苦手としているということです。議題のある会議などは得意なのですけどね。

たしかに、女性の長電話というのは有名です。電話会議ならともかく、男性で延々と長電話をするというのは珍しいでしょう。

「夫婦仲を良くするために、会話で自己開示をしろ」と言われても、男性というのは、テーマがなければ話せない、自分を表現できないことが多いのです。

夫婦の間の会話の多くは、「さあ、これから話し合いをしましょう」というように、改まってテーマを用意して議論するようなものではありません。

夫が積極的に会話をしてくれないと、夫婦の間に共通の情報は増えず、相互理解も進みません。

関係づくりがうまくいっていない夫婦の間の愛情がなにかの拍子に冷えこめば、夫はそのままフラリーマンになってしまうかもしれません。


夫が口下手でなかなか日常会話で自分を表現してくれない場合、妻は夫の行動から、その裏にある感情を読み取らないといけなくなります。

一昔前の「よくできた奥さん」というのがそうで、たとえば、夫がお茶を飲みたそうにしていたら、察してすぐにお茶を出すようなことをしていました。

世間一般ではそれを「阿吽《あうん》の呼吸」といったりしますが、たいていの場合、もろもろを察して動くのは妻の方で、夫は一方的にそれに甘えているだけです。

本来なら、夫は自分の言葉で「お茶が飲みたいな」と言わなくてはいけないし、自分で、自分と妻のお茶を入れるくらいのことはやっていいはずです。

「阿吽の呼吸」や「以心伝心」でいつも通じるというのは誤りです。たとえ口下手でも、夫は努力をして、思っていることをはっきりと言葉にして表現するべきなのです。

妻があまり気を配りすぎる夫婦は、長期的に見れば、関係は育っていかないのかもしれません。

夫婦の「共通コード」を増やそう
——エンコードとディコード

いまは私もスマートフォンを使うようになってトラブルはなくなりましたが、旧式の携帯電話ではよく互換性のトラブルが起きたものです。

たとえば、私は妻に「♡」という絵文字を送っていたつもりなのに、妻は別の機種の携帯電話を使っていたので、文字化けして「〓」しか表示されていなかったということがありました。

なぜこういうことが起きるのかというと、それぞれの機種で絵文字を構成するコード（符号）がちがうからです。私の携帯電話でのエンコード（encode：符号化）が、妻の携帯電話では間違ってディコード（decode：符号解読）されたことが原因でした。

夫婦間のコミュニケーションでも、このエンコードとディコードは頻繁に使われています。コードはちょっとした言葉や動作だったりします。フラリーマンのフラフラ行動も、コードの一つです。

たとえば、家に帰ってきた夫がため息をついていたなら、その「ため息」というコードを妻がディコードして、「あ、仕事でなにかトラブルがあったんだな」と理解するわけです。

夫婦間のコミュニケーションを良好に保つためには、夫婦が「共通のコード」を持っていなければいけません。この共通のコードは、多ければ多いほど、よりお互いの情報が正確に伝わるようになります。

ところが、コードというのは日々の生活の中で更新されていきます。生活がすれちがい、夫婦の関係性が希薄になってくると、いつのまにかお互いがまったく別のコードを持ってしまっているということがあります。

すると、お互いのコードを読み合う中で、文字化け、つまり情報が正確に伝わらないということが頻繁に起こるようになります。

先の例では、仕事でトラブルを抱えている夫の「ため息」というコードに対して、「おなかが空いているのかな？」とか「私に嫌みをいいたいのかな？」といった誤ったディコードが起きる。これが、夫婦の間の思いちがいやすれちがいの原因となります。

感情表現・解読スキルの得意不得意を知っておこう

オーストラリアの女性心理学者P・ノラーによれば、うまくいかなくなるカップルは、男性の方のディコーディング能力に問題があることが多いそうです。これが夫婦であれば、妻が符号化している情報を夫が正確に解読できない、妻の気持ちを理解できない、ということです。

ノラにかぎらず、さまざまな心理学者の研究が、「女性の方が男性よりもエンコーディング能力もディコーディング能力も優れている」ということを示しています。簡単にいえば、感情を表現するのも、表現された感情を解読するのも、女性の方が男性よりも優れている。対して、男性は感情を表現するのも読み取るのも疎い、ということです。

エンコーディング能力とディコーディング能力は、大人になってからも磨けます。ビジネスシーンでは人材育成の一環として、自分の感情を相手にうまく伝える「感受性訓練」というトレーニングがよく行われています。

このようなバックグラウンドを、夫婦がお互いに理解したうえで接するようにすれば、関係はうまくいくようになります。

つまり、妻の方からすれば、夫は自分を表現する能力に乏しいので、なにを表現しているのかわかりにくければ、はっきりと聞き返して、もう一度符号化をしてもらう。夫の方は、はっきりと表現するように努力するということになります。

仕事の愚痴は積極的に聞いてあげよう

サラリーマンは多かれ少なかれ、仕事上のストレスを抱えています。

会社では、組織内でのそれぞれの立場というものがありますから、仕事上の不満を相手に直接ぶつけることが簡単ではありません。上司や取引先の不満を直接本人にぶつけてしまうと、社内での立場が悪くなったり、最悪、クビになったりします。

そこで多くのサラリーマンはストレスを自宅に持ち帰り、妻に愚痴を言うことになります。


このとき、妻は愚痴を聞いてあげてください。

愚痴を聞いてあげると、「おしゃべり療法」をすることになります。おしゃべりしている人が「これが自分の悩みだったのに気づく（洞察）」と同時に、「話してすっきりする（浄化）」という二つの良い効果があるのです。無理難題を押し付けてくる上司や、理不尽な要求をしてくる取引先についてあれこれと本音で不満を言っているうちに、夫は気持ちが整理できるでしょう。

また、人に愚痴を聞いてもらえるというのは「帰宅したくなる誘因」でもあります。夫は「妻に愚痴を聞いてもらいたいから、早く帰ろう」ということになります。

一方的に愚痴を聞かされる側は嫌かもしれませんが、「帰ってこないよりは、帰ってきて職場の愚痴を言っている方がいくらかマシ」だと思って、ちょっと我慢してあげてください。

愚痴はわかりやすい表現方法の1つでもありますので、夫が現在どういうトラブルを抱えていて、何を思っているのかを理解するきっかけにもなります。

それを「あなたの愚痴なんて聞きたくないわ」というふうに封じてしまうと、夫が考えていることに関する情報が出てこなくなり、お互いの気持ちがどんどん離れていってしまいます。夫婦の間の愛情が冷えて、やがて、夫は仕事が終わっても家に帰ってこないフラリーマンになってしまうのです。

夫の方は愚痴の言い方が大切です。

愚痴というものはたいてい繰り返されるものですが、同じ内容の愚痴は1回から2回までで止めた方がいいでしょう。1回で情報は伝わっています。2回目以降は、きっと妻は聞いていません。

弱みを見せることを嫌って、なかなか愚痴で感情を表現できないのが男性です。感情の読み取りにすぐれている妻が、夫の動作を観察して、気持ちを解読してあげないといけません。

いつもとちがって沈んでいるとか、生返事しか返ってこないとか、ため息をついているとき、一言「どうしたの?」と聞いてあげるのです。

愛情がないとなかなかできないことですが、その一言がフラリーマン化を予防することになるのです。

子は「かすがい」……ではなくて「ノコギリ」

「子はかすがい」ということわざがあります。

「鎹《かすがい》」とは、材木同士をつなぎとめる両端の曲がった大きな釘のこと。子どもの存在が夫婦関係をつなぎとめてくれるという意味で広く一般に使われています。

しかし、これは心理学的には正しいとはいえません。

さまざまな研究が、夫婦の間に子どもができると、「その夫婦の間の愛情は確実に冷める」ということを報告しています。

つまり、子どもは夫婦という材木をつなぎとめるかすがいどころではなく、切り離してしまうノコギリなのです。

カップルの間の愛情は結婚したときがピークですが、その後、夫婦生活に慣れていくにしたがって段々と低下していきます。そして、子どもができると大きくガクンと下がります。その子どもが成長していくに従って、夫婦の愛情はさらに低下していくのです。

すでに子どもがいる読者の方には、思い当たる節があるのではないでしょうか。「なんだか子どもができてから、夫婦の関係が冷めてきたな」と。

これは、夫婦がそれぞれ子どもに強い期待を抱くようになり、そのぶん、それまでお互いに向けられていた期待が減るということに原因があります。

限りある愛情が分散してしまってその多くが子どもに注がれるのですから、当たり前のことです。もちろん、そうでない夫婦もあるでしょうが、そうなる傾向がかなり強いということです。

また、子どもが生まれると、夫婦の間の話題の中心が子どもになってしまって、お互いに自己開示をしなくなってしまいます。

夫婦間で会話をしているといっても、「子どもがどうした」という情報交換しかしていないのです。

前にも書きましたが、愛情というものは、自分のことを話し、相手のことを知るという、お互いの自己開示がなければ、深まっていきません。

夫婦間の溝が広がりすぎると、会話をすることすらままならなくなります。そんな夫婦にならないようにするためには、意識して時間をつくり、お互いの情報を感情を交えて交換するような会話を積み重ねていくしかありません。

研究によれば、夫婦間の愛情がもっとも低下するのは、子どもが成長して自立する直前だといわれています。これはつまり、子どもが独立する時期は、夫婦が最も危機に陥りやすいタイミングであるということです。

この時期、子どもと母親、子どもと父親しか結び付いていなかった場合には、子どもが家を出てしまったら、父と母を結び付けるものがなくなってしまっています。

さらに悪いことに、期待をかけながら大事に育ててきた子どもが目の前からいなくなってしまうわけですから、特に母親はこの時期、大きな喪失感を味わっています。この喪失は「空の巣症候群」といわれていますが、無気力や抑うつ状態に陥ってしまうのです。

このように、子どもが独立する時期、子どものことしか共通の話題がなかった夫婦は、精神的な危機を迎えます。

ただ、子どもが家を出て行ってしまってからは、新婚状態と同様に、再び夫婦が向かい合うようになります。この正念場に、改めてお互いに愛情を向け合って夫婦関係を新たにつくり直すことができれば、再び夫婦間の愛情が高まっていきます。

それができない場合には、いわゆる「熟年離婚」の危機を迎えてしまう可能性があるのです。

「共行動」でコミュニケーションの機会をつくろう

同じ作業をして一緒に汗を流すことを「共行動」といいます。

『積極的に会話をしろ』と言われても、なにを話してよいのかわからない」という夫婦は、この共行動をコミュニケーションの機会にしましょう。

たとえば、私は、週に1回、妻とテニスをするようにしていますが、別にスポーツでなくてもかまいません。一緒に映画を見るとか、買い物に行くといったことでも良いでしょう。

第1章でご説明した「山頭火型フラリーマン」の中で、習い事が趣味になっているような夫は、その習い事を妻と一緒にやるようにすれば、一石二鳥です。

テニスでも映画でも、習い事のピアノでも、大事なのは一緒の体験を増やしていくということです。すると、その共体験の話を軸にして、そこから派生したさまざまな会話をする機会ができます。

また、共体験を通じて、興味の対象や価値観といった考え方のベースが似てくると、夫婦はより安定した関係を維持できるようになります。

実際、ある研究では、安定した関係を維持している夫婦というものは、教育、宗教、経済、政治などの問題に対して似た態度をとっていて、趣味や自由時間の使い方、問題処理の方法などについても、同じ考え方を持つのだそうです。「似たもの夫婦」は良い関係を維持できるということです。


余談ですが、生理的興奮状態、心臓がドキドキしている人は、その場にいる異性を好きになる傾向があります。「好きだからドキドキするのではなく、ドキドキするから好きになる」のです。この「生理的興奮の心理効果」の観点からは、夫婦で一緒にスポーツで汗をかく、ハラハラドキドキするような映画を見る、ピアノの発表会に出て一緒に緊張する、といった二人の生理的興奮を高める共行動をすれば、お互いの愛情をより高める助けになるでしょう。

夫婦の間にもある程度の距離は必要
――ヤマアラシのジレンマ

ドイツの哲学者ショーペンハウワーが書いた寓話《ぐうわ》に、次のようなものがあります。


ある冬の日、2匹のヤマアラシが寒さに凍えていた。

お互いの体を寄せ合って暖を取ろうとしたところ、接近しすぎて、自分たちのトゲで相手の体を突き刺してしまう。

しかし、離れすぎると今度は寒さに耐えられない。

こんなことを何度か繰り返しているうちに、このカップルはお互いにそれほど傷つけ合わずにすみ、しかもお互いに暖め合えるような距離を見つけた。


アメリカの精神分析医ベラックは、この寓話《ぐうわ》を引用して、「現代人は『ヤマアラシのジレンマ』に陥っている」と主張しました。

「ヤマアラシのジレンマ」は、二人の人間がお互いに快適な心理的距離を見つけるための葛藤です。

お互いのことをいろいろ知りたいと思って近づきすぎると、心を傷つけあってしまう。かといって距離を取ってしまうと、それはそれで疎遠になってしまう。

お互いに情報交換をして気持ちと情報を共有する一方で、プライベートな部分には必要以上に踏みこまないようにする。しかし、その絶妙な距離を見つけて維持することは、難しい。だから「ジレンマ」なのです。

夫婦関係を長続きさせるためには、このようなジレンマを経験して、適切な距離を見つけておく必要があります。

ひところ、「成田離婚」という言葉がはやりました。

海外に新婚旅行に出かけた夫婦が旅行先で終日ベッタリくっついていると、それまでお互いに隠していた嫌な部分まで知ってしまっていざこざが起こり、帰りの飛行機で成田空港に到着するころには離婚してしまうのです。

これは、お互いの快適な心理距離を把握できていなかったカップルが、近づきすぎてしまったことによって起こる悲劇です。結婚する前のデートなどは1日のうちの数時間だったわけですが、結婚して旅行にいくと、何日も一緒にいることになり、お互いに「トゲ」を刺すチャンスが多くなるのです。

ヤマアラシのジレンマで負ったトゲの傷は、早めに治さないと二人の関係を破壊する致命傷になります。結婚前、お互い譲り合っていたので仲良しだったというカップルは、ときどき小さなけんかをして、心に負った小さな傷の癒やし方を学んでおく必要があります。いさかいが致命傷にならないようにするのです。そうすれば、新婚旅行中に多少大きな傷を負っても、二人で治癒することができます。

ここまで、自己開示の必要性や共作業で共通の話題をつくって、夫婦でたくさん話しましょうということを書いてきましたが、極端な言い方をすれば、夫婦というのは過度に親密になりすぎない方が長く関係を維持できるという面もあります。

なにごともバランスです。夫婦だからといって極端にプライベートなことは知ろうとはしないこと。相手に対して１００パーセントの情報を求めたり、開示をする必要はありません。

たとえば、スマートフォンは個人情報とテリトリーの凝縮された、極めてプライベートな端末ですが、相手のスマートフォンを勝手にのぞき見るなどということは、夫婦であっても絶対にやってはいけません。収集物を勝手に捨てたりするのと同様、立派な「なわばり荒らし」になり、お互いの信頼関係を壊してしまいかねないのです。

「ジョハリの窓」が示す夫婦間の秘密の必要性

アメリカの心理学者ジョセフ・ルフトとハリー・インガムが考案した、「ジョハリの窓」という有名な図があります。ジョハリの窓では、自分について、自分自身が「知っていること」と「知らないこと」に分けてあり、さらに相手が「知っていること」と「知らないこと」に分けられています。4つに分かれたスペースのうち、左上がお互いが知っている部分、つまり、「開放の窓」です。

人間同士の親密さや信頼関係は、この窓を上下左右に大きく開いていくことで深まっていきます。窓をより大きく開くには、これまで話していなかった自分のことを、相手に話すことが必要になります。つまり、お互いの自己開示です。

一方、左下の部分、すなわち「秘密の窓」は、自分だけが知っていて相手は知らない部分です。この部分は、相手からは、魅力や秘められた可能性と映ります。

基本的に、夫婦は一緒の生活を通して「開放の窓」を広げていき、情報の共有を進めていくことで、より深い信頼関係を築きます。

その一方で、「開放の窓」が大きく開きすぎると、相手の底が見えてしまったのではないかと思えてしまうこともあります。これがいわゆる夫婦の倦怠期《けんたいき》です。長所と一緒に欠点も見えすぎてしまい、夫婦の将来にワクワクやときめきが感じられなくなってしまうのです。

案配は難しいところですが、いつまでも魅力と可能性を秘めた夫と妻であるためには、ある程度の秘密をそれぞれが持ち合って、「秘密の窓」を小さくしすぎないようにする必要があります。

もちろん、不倫をしていたり、ギャンブルにのめりこんで借金をしていたりすることを隠すのは、そのウソがばれた瞬間に夫婦関係を崩壊させてしまいます。

一方、夫婦間でスマートフォンを盗み見るのは、「秘密の窓」をこっそり開けて相手の心に侵入するこそ泥行為ですから、これもまた、夫婦関係を破綻させるでし

	自分は知っている	自分は知らない
他人は知っている	**「開放の窓」** 自分も他人も知っている自己	**「盲点の窓」** 自分は気づいておらず、他人は知っている自己
他人は知らない	**「秘密の窓」** 自分は知っているが他人は気づいていない自己	**「未知の窓」** まだ誰からも知られていない自己

○図　ジョハリの窓

ょう。対話の中で「秘密の窓」を開き合うことで夫婦の愛情関係が深まります。

しかし、夫が妻に、いま会社でどんな仕事に取り組んでいるかを聞かれたときや、妻が夫に、日中近所のママ友たちとなにをしているかを聞かれたとき、適当にごまかして「ミステリアスな自分」を演出するのは良いことです。

「タッチング」を積極的に使おう

人間同士の重要なコミュニケーションの方法に、相手の体に触れる（タッチング）があります。タッチングは人の親近感や愛情の表現であり、心を開いてコミュニケーションを始めたいという意思表示でもあります。

子どもが泣き叫んでいるときや恐怖で足がすくんでいるとき、多くの親が子どもを抱き上げ、自分の体に抱きしめます。ポンと体に軽く触れてあげたりもします。すると子どもは安心して、泣きやみ、しまいには笑みすら浮かべます。こうした親と子の肌が触れ合うという愛着行動によって、親も子も愛情と安らぎを感じることができます。そのような幼少のころの経験が、タッチングで親近感や愛情を感じることのベースになっているようです。

選挙の際、候補者が沿道の観衆に握手をして回るようすをみなさんも見たことがあると思います。これは、タッチングをうまく使っている例の一つです。タッチングによって、ただ手と手が触れただけなのに、思わずその候補者に一票を投じたくなってしまうのです。

スポーツの選手などは、チームメンバーとよくハイタッチをしていますが、これもタッチングによって、メンバー同士で気持ちを通わせているのです。また、対戦した選手同士がお互いに健闘をたたえ合って肩をポンとたたき合ったりするのも同じです。「試合中は争い合ったけれど、これからは仲良くしましょうね」という親愛の情を示しているのです。

気軽な身体的接触を日常に組みこんでいくことは、夫婦関係を続けていく上でとても有効です。

たとえば、私は、家を出るときはいつも、「行ってくるね」と言って妻と握手をします。これが欧米人であれば、海外ドラマなどでよく見るように、ハグしてキスくらいするのでしょう。しかし、選挙の握手戦術でもその効果が示されているように、握手程度のタッチングでも、親近感や愛情というものは十分に伝わります。

コミュニケーションには、会話という言語を使ったコミュニケーションと、非言語的なコミュニケーションの2種類があります。

たとえば「愛しているよ」と伝えようとしたとき、夫婦間であえて口に出すのが恥ずかしいことだったり、言葉で話そうとしたけれどちょっと戸惑ってしまったりすることはあります。

そんなときは、じっと相手の目を見たり、やさしくタッチングしたりするなど、言葉を使わない非言語的なコミュニケーションを使えば良いのです。

日本人の男性は、女性と触れ合うのを照れくさく感じがちです。

これは、男の子の赤ちゃんより女の子の赤ちゃんの方が、大人たちからより頻繁に触られていて、男性は赤ん坊のときから、他人に触られることが少ないことが原因だといわれています。しかし、本音では、男性だって好きな女性に触れられて悪い気はしないのです。

なにごとも続けていれば習慣になりますから、夫婦間のコミュニケーション・スキルだと割り切って、タッチングを生活の中に取り入れてみてください。

家の中ですれちがったとき、肩をポンとたたくとか、ちょっと気を引きたいときには脇腹をツンと突くとか、その程度のことでも十分に効果はあります。

目は口ほどに物を言う

二人の間の距離が離れていても、「視線をより多く合わせることで好意と親しさを補っている」ということが心理学の実験で確認されています。

視線というのはそれ自体が親密度を深めるために有効なコミュニケーションのツールであり、「いまからあなたとコミュニケーションを始めますよ」という合図でもあります。

視線を合わせることによって、「あなたとお話ししたい」という意思を相手に伝え、相手の関心を強く引きつけることができるのです。

もちろん、夫婦の間でも、視線によるコミュニケーションは積極的に行うべきです。

なにも、映画のラブシーンように、抱き合って、これでもかと視線を絡める必要はありません。夫が帰宅して「ただいま」と玄関を開けたとき、妻はキッチンで料理などをしながら声だけで「おかえり」と言うのではなく、玄関まで迎えに出て、目を見て「おかえり」と言ってあげるのです。

この程度のことであっても、夫に対しては「愛しているわよ」と言葉で言っているのと同じくらい、愛情は伝わります。

先ほどご説明したように、視線は「あなたとお話ししたい」という合図でもありますから、そこから夫婦の会話がスムーズに始まるはずです。

人間は親密な相手とのコミュニケーションを「心地良い」と感じますから、玄関でいつもこのようなやり取りが行われていれば、夫は仕事が終われば急いで帰ってくることでしょう。

ちなみに、お互いに好意を抱いている男女の視線には、それぞれ特徴があります。

男性は相手の話を聞いているときに、相手の目をよく見ます。逆に女性は、自分が話をしているときに相手の目をよく見るのです。

「目は口ほどに物を言う」ということわざがありますが、目は口以上に相手に本当の気持ちを伝えてしまうということです。

口に出すことが恥ずかしい愛の言葉は、いっそ、目で語ってしまえば良いのです。

コミュニケーションは形から入っても良い

ここまで、夫婦が心を通わせ、夫が仕事の後すぐに家に帰ってくるようになるための、「心理テクニック」や「コミュニケーション・スキル」というものを解説してきました。

「夫婦間の愛情の醸成に『テクニック』を使うなんて、なんだか不誠実じゃないかしら」と思う読者の方もおられるかもしれません。

特に日本人には、「相互理解には誠実な心が大事」という精神論的な思いこみがあります。目に見えない「心」というものに重きを置いているわけですが、世界的な視点で見れば、テクニックを使って自分を表現し、他人に伝える、交流をするということは、ごく普通のことです。

欧米をはじめ海外の国の多くは多民族国家で、場合によっては言葉もろくに十分に伝わらない人たちが隣り合って住んでいるということがあります。これらの国では、言葉や非言語のツールで、自分のことをはっきり伝えたり、伝えられた情報を正しく理解したりするテクニックが必須になるのは道理でしょう。

一方の日本は、狭い島国の中で、同じような文化を持った人たちが暮らしてきたため、「以心伝心」というまちがったスキルが使われるようになったのでしょう。露骨に表現しなくても、お互いに、しぐさなどから感情を読み取って、なんとなくわかる、という状態で今日まで来てしまったのです。

夫婦がお互いに深く愛し合っていて、共通のコードをたくさん持っていれば、この「以心伝心」で、お互いにわかり合えるでしょう。

しかし、夫がフラリーマンになってしまった家庭というのは、夫婦間の愛情が冷めて、その以心伝心というスキルが成り立たなくなっている状態です。

結局のところ、フラリーマンにかぎらず、現代の日本社会は価値観が多様化して、いろいろな考え方の人がいますから、いまの日本では、愛情を補うものとしてコミュニケーションのスキルが必要になってくるのです。

そもそも、夫婦関係というものはそれほど誠実なものではありません。日常生活においてウソをつくことはよくありますし、隠し事もします。元々は、他人同士なのですから、当たり前です。

「一心同体だから、真心が通じ合っているから、以心伝心でお互いの考えが伝わる」と考える方が誤りなのです。

たしかに、テクニックを使っているときに、気持ちがこもっている場合と、そうでない場合があります。しかし、たとえ形から入っていたとしても、やがて気持ちは乗っかってくるものです。

たとえば、茶道や武道では、作法や型を重視していますが、これも形から入って何度も繰り返しているうちに、やがて本質にいたるということが、経験的に知られているからでしょう。

夫婦関係をより親密にしたいとき、自分の気持ちを表す心理テクニックや相手の気持ちを読み取るスキルなどはどんどん使うべきです。思った通りのことを素直に伝えた結果、口論になってばかりなのであれば、もう一度、コミュニケーション・スキルを見直してみるのがよいでしょう。

第4章

家事と育児をする夫に育て直そう

「私ばかりが損をしてる！」

「ああ、5時になった。仕事はおしまい。お疲れさまでした。さて、保育園まで急いで息子を迎えに行かなくちゃ。えーっと、今日の夕食はハンバーグにするから、途中のスーパーでブタのひき肉を500グラム買って……あ、そういえば塩を切らしたんだった。これも、忘れないように。ゴミ袋も買わなくちゃ……」

「ああ、忙しい！　お風呂を沸かして、炊飯器にご飯をセットして、息子の着替えを……って、まずは、洗濯物を取りこまなきゃ。せめて夫が、毎日息子を保育園まで迎えに行ってくれれば、たいぶ楽になるんだけどなぁ。今日は『プレミアムフライデー』だから、夫の会社も早く終わるはずなのに……。息が切れてきた。家事を処理する順番を、頭の中で整理し直して……」

「私だって仕事で疲れているのに、なんで夫は家事を一切手伝ってくれないの？

いっつも家にいないし！　今日だって、仕事は終わっているんだから、もう帰ってきてもいいころでしょ!?　あ、メッセージだ。『飲んで帰るから、晩ご飯はいらない』……」

フラリーマンの夫を持つある共働き家庭の妻の日常は、こんな感じだと思います。平日のフラリーマンは仕事を理由に、家事や育児を妻に任せっきりにしています。では、休日はどうかというと、洗濯、トイレ掃除、子どもの世話を……しません。平日に家事をやらない夫は、休日だからといって、少なくとも、妻に頼まれずに自発的に家事や育児をやることはないでしょう。

最近ではいくらか改善されているようですが、それでも日本の社会というものは、とかく妻の方に家事の負担を押し付けています。

夫は育児もしません。「ママ友」という言葉は日常的に使われますが、「パパ友」という言葉はあまり聞きません。あまりに珍しいので、子どもの面倒を見ているお父さんが集まってなにかしているということが、テレビのニュースになるくらいです。

専業主婦にかぎらず、夫婦共働きの世帯でも、家事や育児は妻がほぼ一人で負担していることが多いそうです。そのような「ワンオペ妻（one-operationの妻：一人だけですべての仕事を切り盛りする妻）」は、理不尽な不公平感を持っていることでしょう。

多くの妻が抱いている、「私ばかりが常に損をしている」という感覚。この不公平感は、夫に対する妻の愛情をみるみる低下させていきます。

その状態が半年、1年、5年……と続けば、どのような結末にいたるかは想像に難くないでしょう。

フラリーマンの多くは、「家事育児は女性が担当するものだ」という日本の伝統的な社会通念にあぐらをかいています。

場合によっては、「自分の方が社会的に責任のある仕事をしているのだ」とすら考えているかもしれません。日本社会にいまだ残る旧来的な結婚観や女性観から抜け切れていないのです。

しかし、女性の社会進出がここまで進み、場合によっては女性の方が男性よりハードに働いているような現代の日本においては、夫は、妻の家事負担を顧みないサラリーマンで居続けることはできないでしょう。

どこかで更生するか、もしくは、やがて妻に愛想を尽かされて離婚されるか。

夫たちはいまだ気付いてはいませんが、すでにそんな最大の危機にひんしているのです。

なぜ多くの妻は夫に尽くしてしまうのか

アメリカで行われたある心理実験で、興味深い結果が出ました。

無愛想な実験者が実験の協力者に「資金がなくなってしまったので、この実験で得たあなたの報酬を返してほしい」と依頼します。

その後、協力者はこの実験者にどれくらいの好意を持ったのかを調べたところ、報酬を返した協力者の方が、実験者に対して好意的で、また返却する金額が多いほど、実験者に対する好感度が高くなったのです。

これは、人は、自分が尽くした相手に対して好意を持ち、しかもその尽くし方の程度が大きいほど、その相手に対する好感度が高くなるということを示しています。

一般的に人は、嫌いだと思っている人に恩恵を施してしまうと、自分の行動と信念との不一致が生まれてしまいます。そこで、この不一致を解消するために、「恩恵を施した人を好きになる」という奇妙な心理が働くのです。

家事や育児を一手に引き受け、自分を犠牲にしながら夫に尽くすタイプの妻というのは、このような心理状態になっているのかもしれません。

とはいえ、カップルが結婚して夫婦になると、先に述べたように、夫婦間の恋愛感情はどうしても冷めてきます。

やがて、妻は尽くすことに対する喜びを満足に感じられなくなってきて、家事や育児をしない夫に不満を抱くようになってしまいます。

まずは夫の意識改革から——リストで家事を可視化する

フラリーマンをやり玉にあげて糾弾し、夫婦げんかをあおるというのが、私の本意ではありません。

身勝手な夫が家事や育児に積極的に参加するようになり、妻が抱いている「不公平感」が解消される、そのための心理学的なアプローチを説くのが本書の目的です。

最初に必要なのが、夫の意識改革です。

夫は自分の問題に気付いていませんから、ここは妻の方から改めて、話し合いを切り出すしかないでしょう。

第3章でご説明したように、

「夫婦は他人同士であること」
「妻だからといって、母親のような無償の愛をささげることはできないということ」
「夫婦関係はお互いが努力をして日々、築き上げていくものであること」
「家事や育児は夫婦で協力してこなすものであること」
「家事労働には夫の仕事と同じように経済的な価値があること」

これらを夫に、しっかりとプレゼンテーションするのです。

その際は、たとえば、「私はこんなにがんばっているのに」と、単純に情に訴えるだけでは不十分です。

得てして感情の読み取りが下手なのが男性です。しかし、論理的な思考は比較的得意ですから、たとえば、１週間のすべての家事と育児のリストを紙に出力して夫に読ませてみるなどの工夫は効果的でしょう。

夫婦の家事貢献度の調査（２０１７年、at home VOX調べ）によると、30～40歳代の夫と妻がそれぞれ考える家事貢献度の割合の合計は、１２０パーセントを軽く超えています。つまり、どちらかが、自分の貢献度を高く見積もっているのです。

お互いに、「自分はたくさん家事をやっている」と言い張って、けんかが増えてしまうのはもったいないでしょう。家事を分担する際には、話し合いの前にリストをつくって家事を可視化しておくことが大事です。

ビジネスシーンでも、「ＴｏＤｏリスト（to do list：行うべき事柄のリスト）」をつくる人が多いですよね。頭の中で考えるだけではなく、紙に書き出してみると、作業を効率的に進めることができます。

「家事リスト」も同様です。とにかく、考えられるすべての家事を書き出してみましょう。「何をしなければならないのか」をお互いに見渡した上で、家事の分担について相談してみれば、夫もしっかりと対応してくれるはずです。

具体的な数値を突きつける ——家事労働の経済価値は304・1万円！

もう一つ、家事を可視化する方法があります。

あのテレビドラマを利用するのです。

2016年末にテレビで放送され、新垣結衣さんと星野源さんの好演で大ヒットした『逃げるは恥だが役に立つ（通称「逃げ恥」）』。夫婦で一緒に視聴するというのも、夫の意識改革の助けになるかもしれません。

『逃げ恥』では、内閣府経済社会総合研究所の報告書をもとに、専業主婦の「労働としての家事」に「304・1万円」という経済価値を認めています。

これが、日本中の女性がふだんから感じていた不公平感をわかりやすく言語化したということで、多くの女性の共感を呼びました。

論理的な思考を好む傾向のある男性に対して具体的な数値を示すことは、大きな効果をもたらすはずです。さすがのフラリーマンも、事の重要性を認識せざるを得なくなるのではないでしょうか。

では、これから実際に夫に家事やらせるための具体的な4つの心理テクニックを解説しましょう。

夫に家事をやらせるテクニック
——①フット・イン・ザ・ドア

訪問販売のセールスマンは、ピンポーンとドアベルを鳴らして「話だけでも聞いてくれませんか」という小さな要求から切り出します。

「まぁ、話を聞くだけなら……」

と応じて、玄関のドアを少し開けると、セールスマンはその隙間にすかさずつま先を差しこんできて、もうドアを閉めさせません。

もちろん、「話を聞くだけ」では終わりません。

「ちょっと、このパンフレットを読んでみていただけませんか」

とお願いされ、そのまま、売りたい商品の説明が始まってしまいます。

まずは小さな要求を承諾させ、最終的には本命の要求を承諾させる。これは、「フット・イン・ザ・ドア（足入れ）」という、相手にお願いを聞いてもらうための心理テクニックです。段階的要請法ともいいます。

人間というものは、要求をされるたびに、心の許容範囲が徐々に大きくなっていきます。その性質と利用して、面倒なことをお願いするときには、最初に簡単なことを要求して、それを承諾してもらうことから始めるとうまくいくことが多いのです

「フット・イン・ザ・ドア」はセールスなどで絶大な効果を発揮する心理テクニックですが、これまで家事をやってこなかった夫に家事をやらせようとするときにも大変有効です。

たとえば、こんな感じです。

「食べ終わった自分のお皿は台所まで運んでもらえる？」

「いいよ」

簡単なお願いです。それくらいのことなら……と、簡単なお願いを受け入れた夫は、ドアの内側に足を入れさせた状態です。

「ありがとう！　できれば、水に浸けておいてね」

「お安いご用さ」

これもどうということのないお願い。相手は、玄関の中に入ることも承諾してくれました。

「ついでにその場で洗っちゃってよ。そうしてくれると、すごくうれしいんだけど」

ここで、本命のお願いです。

この方法でお願いすれば、いきなり「お皿を洗ってよ」と大きな要求をするよりも、承諾される可能性はずっと高くなります。

まずは小さなお願いから始めることが、夫に家事をやらせるコツです。

夫に家事をやらせるテクニック
――②ドア・イン・ザ・フェイス

「フット・イン・ザ・ドア」は、小さな要求から段階的に要求の水準をあげていく方法ですが、これとは逆のテクニックもあります。

それが、「ドア・イン・ザ・フェイス」と呼ばれる心理テクニックです。英語の「shut the door in one's face（門前払いをする）」という言い回しからきています。

「ドア・イン・ザ・フェイス」は、最初に、相手が絶対に断るような大きな要求をしておいて、ダメだと断ってきたら、すぐに「では、これならどうですか」と本命の小さい要求に応じさせる方法です。

たとえば、「明後日までに納品をしてくれますか。無理？　うーん、では、せめて１週間後まではお願いしますよ」「お見積もりは１００万円になります。高いですか。では、今回だけは特別にお値下げして、60万円ではどうでしょうか」などといった形で、ビジネスにおける交渉テクニックとしてもよく使われています。

最初の大きな要求を断られた説得者が次の小さな要求をすることは、説得者側の譲歩と受け取られ、最初の要求を拒否した相手は、その譲歩のお返しとして次の小さな要求には応じやすくなります。

また、要求を拒否した相手は、「断って後味が悪い」ので、次の要求を受け入れて罪の意識を償おうとします。

「ドア・イン・ザ・フェイス」は、そんな人間の心理を利用したテクニックです。


このテクニックは、もちろん夫に家事をやらせるためにも使えます。

たとえば、「毎日の家の掃除はあなたがやってよ」と要求しても、おそらく夫は、「無理だよ」拒否するでしょう。

そこですかさず、「じゃあ、せめて休みの土曜日だけでもいいから」と言ってみましょう。

夫は「それだったら……」と応じてくれるにちがいありません。

要求は小さくなっていますが、元々の狙いが「土曜日に家の掃除をしてほしい」ですから、これは、本命の願いが100パーセント達成されたことになります。

このとき、最初に掃除のお願いをしたなら後にも掃除に関するお願いを、最初に料理のお願いをしたら後にも料理のお願いを、というように、できるだけ同じ種類のことをお願いすると説得の効果は高くなります。


さらに、この「ドア・イン・ザ・フェイス」テクニックが功を奏し、夫が小さな要求を受け入れた後は、前の「フェイス・イン・ザ・ドア」テクニックにつなげることが可能です。

「日曜日も家にいるときは掃除をお願いね」

「平日も早く帰ってきたときは気が付いた範囲で掃除をやってよ」

「トイレとお風呂の掃除は常にあなたの担当ね」

というように、少しずつ要求を大きくして、夫の家事に対するハードルをどんどん下げていきましょう。

夫に家事をやらせるテクニック
――③ザッツ・ノット・オール

「ザッツ・ノット・オール」というテクニックもあります。

「That's not all（それが全部ではないよ）」という意味で、テレビショッピングなどでよく使われる手法です。

「この商品のお値段は○○円です」などと言った後に、「今なら、この商品もオマケでつけます」「さらに、オマケ！　これもつけちゃいます。超お買い得！」と、後からどんどん特典をつけて畳みかける手法ですね。みなさんも、きっと見たことがあるはずです。

これは、ある条件に対して、後から追加で特典をつけることで、最初の条件を飲ませるというテクニックです。

最初の条件が基準となるので、特典は、始めからつけるよりも後からつけたほうが、より「お得感」が増します。また、「相手が条件をよくして譲歩してくれたのだから、自分もそれに応えないといけない」という心理も働きます。

この心理テクニックを、たとえば、「夫に食材の買い出しを頼む」ということに応用するとこうなります。

「食材の買い出しに行ってきてよ」

「うーん……」

夫は面倒くさくて生返事をするかもしれません。そこで後から、「オマケ」をつけ加えます。

「買い出しに行ってくれたら、帰ってきてからビールを飲んで良いわよ」

「ビールだけだと味気ないでしょうから、おつまみも用意しておくわ」

この「ザッツ・ノット・オール」、とても効果の高い心理テクニックですが、短期間での多用は禁物です。

この方法でお願いを聞いてもらうと、次回以降はオマケがついた状態が基準として認識されてしまうからです。すると、オマケにさらにオマケをつけないと、夫は言うことを聞かなくなってしまうかもしれません。

1つのテクニックだけでなく、さまざまなテクニックを使い分けて、夫が家事をやるようにうまく誘導していきましょう。

夫に家事をやらせるテクニック
――④ロールプレイング

やっている人ならわかるのですが、家事や育児はとんでもなく重労働です。

家事をやってくれない夫というのは、この家事の大変さを認識していないことがあります。フラリーマンの夫なら、「俺は外で大変な仕事をして金を稼いできているのだから、家事くらいはお前がやれよ」なんて思っているのかもしれません。

心理学では「ロールプレイング（役割演技法）」というテクニックがあります。

現在、心理療法や社員教育の一環として広く使われています。

「ロールプレイング」では、相手と立場を変えて会話をしたり、なにか仕事をしたりする実体験を通して、相手の気持ちを理解して共感性を高めます。

また、物事をちがう視点から見ることで、最終的には今まで意識していなかった自分のふるまいや欠点を見直すことができるようになります。

すごく鈍感で、言ってもわからない、なかなか理解してくれない夫には、この「ロールプレイング」が有効かもしれません。1時間とか1日、妻と夫で役割を変えてみるのです。

たとえば、朝、普段は夫が新聞を読みながら朝食が出てくるのを待っているだけというなら、一度、朝食づくりを交代してみるといったことでも良いでしょう。

夫が家にいる日曜日に、「今日は夜まで友だちと出かけてくるから、その間、子どもの面倒を見ておいてね。掃除と洗濯と、あと、ご飯もお願い」

なんて要求が通るのであれば、夫はその日、家事の大変さが骨身に染みることと思います。

このように「ロールプレイング」によって妻がふだん行っている家事の大変さを理解した夫は、今まで自分がいかに妻に苦労をさせていたかを知り、反省をすることになります。

すると、以降は妻の気持ちを思いやって、自主的にゴミ出しをしてくれるようになったり、朝のコーヒーくらいはいれてくれるようになったりするかもしれません。

家事をした夫は褒めて「自己効力感」を与えてあげよう

簡単なものであっても、夫が家事を行ったとき、ぜひ妻には押さえておいてもらいたいことがあります。

それは、たとえば、食器を洗ってくれたなら、「ありがとう！　私がやるよりずっときれい！　驚いたわ」とか「男の人は握力が強いから、汚れもよく落ちるのね」といったように褒めてあげるということです。

いわゆる「褒めて伸ばす」教育法ですが、これは、心理学的にいえば、夫に、家事に対する「自己効力感」を与えてあげるということになります。

自己効力感とは、自分に対する信頼や有能感のこと。自分が外部からの要請にきちんと対応できているという確信です。要するに、「俺はうまくできた！」とか「いけてるじゃん、俺」といったセルフ・イメージです。

夫は、「俺はうまくやれる」であれば行動を起こしますが、「どうせうまくやれない」と思うと、なかなか家事をやろうとはしません。自己効力感は、夫に引き続き家事をやってもらうために、とても重要になります。

「ピグマリオン効果」で夫の家事スキルを向上させる

他者から期待されると、人はその期待に応えようとします。その結果、成績が伸びたり、仕事のやる気が出たりする現象が「ピグマリオン効果」です。キプロス王のピグマリオンが、自ら彫り上げた会心の女性像と結婚したいと願い続けたところ、愛の女神アフロディテがその像に命を吹きこんでくれたので妃にすることができたというギリシア神話から命名されました。

他者からの適度な期待が人のやる気を引き出し、その結果として期待に応えて成果を上げる。学校教育現場だけでなく、ビジネスの場での人材育成などにも活用されていますが、もちろん、夫の家事スキルの向上にもピグマリオン効果は当てはまります。

つまり、夫には、妻から「あなたの家事に期待しているのよ」と言葉や態度で明確に伝えてあげる必要があるということです。

逆に、他者から期待されないと成績が低下してしまう、「ゴーレム効果」という現象もあります。ゴーレムとは、伝承に登場する泥人形のことです。

他人からネガティブな言葉や態度を受けて自信を失ってしまったら、仮に能力があっても発揮できなくなってしまうのです。

妻が夫に「まぁ、あなたの家事には期待してないんだけどね」というような言動を取ってしまうと、その言葉や態度が夫のモチベーションを低下させ、その結果、夫の家事がまったく上達しないという事態を招く恐れがあります。

当たり前ですが、それまでなにもやってこなかった夫が、ある日突然、家事をできるようにはなりません。

妻は、複数の心理テクニックを使い分けたり、組み合わせたりしながら、中長期的な視点で、家事のできる夫を育ててあげる必要があります。

これは、妻にしてみれば、子どもを育てるのと同じ感覚かもしれません。「なんでそこまで私がやらなくちゃいけないの？」と思うこともあるでしょう。夫たしかに根気のいる作業ですが、家のローンと一緒だと考えてみてください。夫にこれまでの家事負担の一括返済が無理であっても、せめて少しずつ、小分けで返済してもらうのです。

夫から妻への家事負担の返済が少しずつでも進んでいるという実感があれば、妻の精神衛生にも良いでしょう。

家事も育児も一切やらなかったフラリーマンだったころと比べれば、いくらかでも家事をやるようになった夫は、「人生のパートナー」としての価値がいくらかは上がっているはずです。

夫に料理をさせるためには食器の片付けから

夫にとって、家事の中でも特にハードルが高いのが料理です。

食材の買い出し、下ごしらえ、調理、食器の用意、片付け……と、工程が多く、慣れていなければそうそうできるものではありません。

また、多くの家庭では、台所は妻にとって城のような場所です。妻の強力なテリトリーになっていますから、そもそも台所に立つことに夫は心理的な抵抗が大きいのです。

夫に料理をしてもらいたい場合、まず、この台所という妻のテリトリーを、夫と共有する必要があります。

そのために必要になるのが、第2章でご説明した「手あか感」です。具体的には、夫に洗い物を手伝ってもらい、夫自身の手で、食器をしまってもらうのです。

妻は、鍋やフライパンなどの調理器具、調味料、冷蔵庫の中の食材、洗剤などを、自分がもっとも使い勝手の良い配置にしているでしょうが、夫の方にも、どこになにがあるかを正確に把握してもらうのです。

夫が自分で考えて配置したものには、夫の「手あか感」がつきます。すると夫は台所になわばり感覚が持てるようになり、ようやく、台所に立つための心の準備が整います。

まずは一品を極めさせる

台所への抵抗感がなくなったら、まずは、簡単な料理を一品だけ、つくってもらいましょう。

初めのうちは、食材の用意は妻がしてあげても良いでしょう。とにかく、一度、料理をつくったという実績が大事です。

メニューは、カレーやマーボー豆腐、パスタといった、火加減や塩加減がそれほど難しくなく、味の濃い料理でしたら、料理初心者もめったなことでは失敗しないはずです。

料理の上手い下手というのは、結局は慣れの問題です。妻がいろいろな料理を要領良くつくれるのは、毎日、料理をしているからです。

夫も、最初はインターネットでレシピを見ながらモタモタつくっていたとしても、同じ料理を10回もつくれば、段取りも身について、おいしい料理がつくれるようになります。

また、同じ料理を10回もつくれば、食材の下ごしらえや調理の基礎、手際の良い片付けなど、料理に関する一通りのノウハウを理解できるようになっているはずです。

ちなみに、わが家では、ふだんは妻が食事をつくっていますが、カレーだけは私の担当です。

子どもたちがまだ小さかったころには、ジャガイモの代わりに刻んだリンゴを入れた「お父さんのカレー」が子どもたちに大うけで、父親としての存在感を実感していました。

男性というのは凝り性の人が多いですから、たとえばカレーを極めた夫であれば、妻も知らないスパイスを買いそろえたり（私もいろいろと買いそろえました）、筋がよければ、冷蔵庫のあり合わせの食材を応用したオリジナルのカレーをつくったりするようになるでしょう。

そして、そのたびに妻や子どもに喜んでもらえたら、夫は「自己効力感」を得られ、さらに料理への自信を深めていくはずです。

「男子、厨房に入るべからず」というような前時代的なことを標榜してはばからない男性は、現代にはもはやいないはずです。得意料理ができて、しかもそれが家族に喜んでもらえるのなら、料理もやってみたいというのが男性の本音なのです。そして、一品を極めた後は、二品、三品と、夫の得意料理を増やしていきましょう。

古今東西、男は炊事や風呂トイレ掃除、洗濯といった水仕事を自ら進んでやらない生き物です。逆にいうと、水仕事のハードルを越えることができた夫ならば、たいていの家事は可能になるでしょう。

料理ができるようになった夫には、前に述べた、数々の心理テクニックを縦横に駆使してください。

「ああ、あなた。やっぱりあなたのカレーは最高ね。普通じゃないわ。お礼に明日はわたしがうんと腕を振るうから、仕事の帰りにスーパーでこのレシピの材料を買ってきてくれないかしら」

「今度ママ友のお茶会があるの。出かけたついでに、あなたがほしがっていた圧力鍋を買ってきてあげるわ。だからこの日は、子どもたちの面倒をみてくれないかしら」

このような夫婦のやり取りがあれば、夫もまんざらでもない気分で、家事や育児に参加してくれるでしょう。

夫婦の財布の新しい管理法

いかに円満に、効率よく、不公平感のないように家計を管理運営するか。お金や物に対する夫と妻の価値観の相違で、これまで積み上げてきた夫婦関係がご破算になりかねないこともままありますから、これは大変センシティブで悩ましい問題です。

問題の根底にあるのは、日本に旧来からある「夫婦の財布は一つ」という考え方です。

「『家計』に関するアンケート」（2018年、明治安田生命調べ）によれば、日本では現在、約6割の世帯において、妻が家計を管理しており、いわゆる「夫は小遣い制」が一般的のようです。

たしかに、多くの家庭で、夫婦で食事に行けば、たいていは妻が支払いをしますし、家計簿をつけて赤字に頭を悩ませるのも妻なら、「はい、今日のお昼代」といって夫に千円札を握らせるのも妻です。

報道番組などでよく報じられている、新橋のサラリーマンのお小遣いをめぐる悲喜こもごも、それもこれを反映したものであるといってよいでしょう。

いま急増している未婚の男性たちの「結婚をしたくない理由」の一つに、「小遣い制がイヤだ」というものがあります。

「自分の稼いだ金なのだ。せめて小遣いくらい、不自由なく使いたい」というのが、サラリーマンの本音なのでしょう。

そんな、「必死に働いて稼いだお金が自由に使えない」という不満（決して妻がお金を好きに使っているわけではないのですが）が、「夫の俺は会社で必死に働いているんだから、妻は家事や育児をやるのは当然だろう」という意識につながっているのです。

とはいえ、現代は共働きの夫婦も増え、妻の方が夫よりも稼いでいる場合もあります。元々ひずみの生じていた、従来の「夫婦の財布は一つ」という考え方は、もはや時代に適していないのかもしれません。

新しい財布の管理法が、現在の夫婦関係においては、必要とされているのです。

家計を「共通の財布」と「プライベートの財布」に分ける

現代の夫婦に向けて、私が提案したいのは、家計を夫婦の「共通の財布（口座）」と夫と妻それぞれの「プライベートの財布（口座）」に分けるというスタイルです。

夫婦共通財布とは、二人で管理する生活費のことで、家計を会社でたとえれば、「会社の必要経費」になります。

プライベートの財布（口座）は、文字通り、夫と妻のそれぞれが、自由に使えるお小遣いです。

共働きの夫婦の場合、共通財布をつくるのは比較的簡単です。

私と妻の話になりますが、共働きだった私たちは、結婚する前から共通財布をつくり、どこかへ遊びに出るときなどは、そこからお金を出していました。

いまも「共通財布には毎月3万円を入れて、不足したら相談して追加する」というルールで、二人同時に共通財布にお金を入れることにしています。

妻が専業主婦の場合は、二人が同じだけの額を出し合うというわけにはいきません。この場合は、夫の給料が出たときに、そこから共通財布に一定額を入金することになります。

たとえば、40万円から貯金やローンに回す金額、その月の特別出費を差し引いた残金を夫婦で折半します。その上で共通財布に毎月の必要金額を入れて、それ以外のお金は各自の自由に使えるというルールはどうでしょう。ただし、想定外の出費があるかもしれないので、手持ちのお金の使い方を工夫する必要があります。特別出費があり、共通財布に払いこめない場合には、相手に借金をして次月に返済する約束も大切です。

どういう経費を夫婦共通のものとするかをしっかり取り決めて、限度額を設定することも重要です。

私と妻の場合は、冠婚葬祭費については、二人ともに関わりの深い人であれば共通財布から、そうでなければ各自がプライベートの財布から出すというようにしています。医療費は、かけがえのない人生のパートナーに関することですから、もちろん共通財布です。

多くの家庭では、給与が振り込まれる銀行口座から、キャッシュカードでなし崩しにズルズルとお金を引き出して使っているのではないでしょうか。

それでは、収入金額の価値を曖昧なものにしてしまいます。

一方、共通財布には「私たち二人が使うお金」という、共同経営者の意識が働きます。したがって、いやが応でもその使い道について話し合う機会は増えます。

結果的に夫婦の会話の機会を増やし、夫婦間の問題をうやむやにしておきにくいという意味でも、この方法はおすすめなのです。

共通財布を使えば金銭感覚のズレもなくなる

お金に対する価値観、すなわち金銭感覚というのは、その人のそれまで歩んできた人生を色濃く反映しています。たとえ夫婦であっても、夫と妻で異なることが多いものです。

たとえば、釣り好きの夫なら、一本3万円もする竿を買ってもなんとも思わないかもしれませんが、釣りに興味のない（もしくは、釣った魚の調理をさせられるため、釣りの嫌いな）妻は、「あんなただの棒に3万円なんて信じられない！　どれだけの食材が買えるか……」と思うかもしれません。

「俺が稼いだ金を俺の好きなことに使ってなにが悪い」

「私は家計のために、1円でも安い食材を買おうとしているのに……！」

といったように、金銭感覚のズレが夫婦間のトラブルの原因になることもあるでしょう。

長年連れ添った夫婦であっても、金銭感覚というものは、なかなか同じになりません。金銭については、常に一触即発の状態にあります。

ただし、こうした金銭感覚のズレも、家計に共通財布とプライベートの財布を導入することで、解消できます。たとえば、釣り竿のような趣味の物に関しては、自分のプライベートの財布を使う限り、意見や文句を言われることも、言うこともないからです。

「割り勘夫婦」のススメ

夫婦で家庭の共同経営をする。そういう意識で、家計の管理運営をしていくことが大切だと述べてきました。これは、「割り勘」感覚といってもいいでしょう。

この「割り勘」感覚を、家事や育児にも取り入れてみませんか。今この家事をやってあげれば、今度はまた違うところでやってもらえる。このように、家事や育児に経済的な価値を設定し、夫婦で「割り勘」をする習慣が身につけば、どちらの方が家事を負担しているかについて延々と議論しなくてもよくなるかもしれません。

たとえば、今は料理も洗濯も掃除も、全部妻がやっているかもしれません。しかし、これから夫を育て直していけば、5年後、10年後には、自分が負担してきたたものを少しずつ返してもらえるでしょう。

その場で平等に負担することは無理でも、長い目で見てみれば五分五分になる。そんな「割り勘夫婦」を、夫婦で目指していくことができるのであれば、少し気持ちが楽になるのではないでしょうか。

夫婦円満で過ごす究極の秘訣は「感度を落とす」こと

「割り勘夫婦」でいるということは、「夫婦は他人である」という意識をしっかり持っておくことです。

繰り返しになりますが、夫婦になったからといって、一心同体になれるわけではありません。他人と同じ家の中で生活する、「シェアリング」感覚を、常に土台に持っておく必要があります。

ここまで述べてきたように、コミュニケーションを取って理解を深め合うことはもちろん大切です。夫婦がうまくいっていないとき、お互いに「相手」が悪いと思ってしまいがちですが、実際は関係性の問題です。だからこそ、自己開示をし、共行動で話題をつくって、二人の関係性を育んでいくことが必要になります。

お互いに快適な心理距離を保つためには、「感度を落とす」ことが求められます。たとえば、相手の欠点や弱点、自分への要求や期待が何であるかがわかっても、あえて気付かないことにする。これが「感度を落とす」ことになります。逆に、感度が良すぎると、自分の価値観で相手を縛ろうとする言動が多くなり、お互いの快適な心理距離が損なわれてしまいます。お互いの感度があまりに良いと、二人の関係は崩壊に向かう可能性もあるのです。

フラリーマンを夫に持つ妻は、フラフラの正体さえわかれば、夫婦の問題が解決できるはずだと思うかもしれません。夫の心理を読み、スキルとテクニックを駆使してコミュニケーションをはかり、夫を家につなぎとめる。家事・育児に参加させるために工夫をこらし、充実した家をつくる。そうすれば、夫婦は幸せになれるはずだと。

その通りなのですが、いつも強迫観念にとらわれて「がんばる」必要はありません。

矛盾するようですが、わからないことを受け止めることも、夫婦の仲を長続きさせる秘訣です。お互い何をしているのか知らない、あるいは突っこまない領域をつくることで、逆に、いろいろな物事に柔軟に対応できる夫婦になるでしょう。「いつかは返してくれる」とお互いに信じられるような「割り勘夫婦」であれば、「自分ばかりが損をしてる！」という不公平感にとらわれずに済むかもしれません。

お互いに向けたアンテナの感度をあえて落としてみる。そうすることで、お互いにとって本当に心地よい関係性が、見えてくるのではないでしょうか。

おわりに

脱フラリーマンの糸口が見つかったでしょうか。よくある話題のオンパレードで、どなたにも思い当たるケースを紹介し、対処法を提案してきました。

５００円硬貨があります。その大きさを白紙に丸い円で描いてみてください。そして、実物の大きさと比較してください。どうなりましたか？

小さく描いたか、あるいは大きく描いた人が多かったと思います。社会的知覚と呼びますが、自分が描いた丸い円には自分の価値観（「思いこみ」）が反映されていて、本物の大きさと違うことに驚いた（「気付き」）かもしれません。

小さく描いた人は「５００円は価値がない」という思いこみがあり、５００円の本当の価値に気付いていないのです。「５００円があったので助かった」という経験をしたとき、はじめて気付きが生まれるというわけです。

フラリーマンに関しても、「思いこみ」と「気付き」が重要な意味を持ったはずです。本書では様々なケースと解決のためのヒントを提案しましたが、それは思いこみを取り払って、フラリーマンの本音と対処法に気付いてほしかったからです。

家をリフォームしたことで家族関係が良好になったというケースがありました。リフォームによって家がきれいに、機能的になったので、家族関係が好転したわけではありません。夫を中心にして、家族全員でリフォームの相談を繰り返しました。フラリーマンだった夫はリフォーム事件をきっかけに、脱フラリーマンを達成し、仕事にも積極的にかかわるようになったのです。

フラリーマン夫は「家のことは関係ない」という思いこみがありましたが、リフォームの打ち合わせをするうちに、自分の存在感を確認し、居心地の良い居場所づくりに関心を持つようになりました。自分がつくった居場所がテリトリー空間になったので、会社が終わるとまっすぐに、急ぎ足で帰宅するようになったのです。リフォームだけでなく、居間の家具類の模様替え、日曜大工や力仕事の依頼、ゴキブリや蚊の退治のお願いなど、夫の出番はたくさんあります。これらが脱フラリーマンのきっかけになるのです。

「実家に帰らせていただきます」は夫婦喧嘩をした妻がドラマの中で言うセリフ。

妻はフラリーマン夫に自分の存在感を気付かせるための実力行使に出るわけです。毎日のルーティンワークには「慣れ」があるので、フラリーマン夫はその重要性に気が付かないことが多いのです。

たとえば、より重いキャベツを選びたいとき、持ったり置いたりして比較します。同じものを持ち続けると重さが分からなくなるからですが、これも「慣れ」の例です。フラリーマン夫を「慣れ」から脱却させるには、妻、家族とのコミュニケーションの質を変えることです。夫が帰宅したとき、いつもとは違った服装で、いつもと違った笑顔で「おかえりなさい」と出迎えると、キャベツを持ち替える効果が生まれ、「早く帰って良かった」という気付きが生まれます。

本書は、毎日の生活に慣れきっている夫婦が、お互いの気持ちや立場などに改めて気付くためのコンパス役を果たすと思います。今朝の夫の顔（皺やシミ、顔つきなど）をすぐ思い出せますか。フラリーマン夫にしないために、「思いこみと慣れ」を払拭して、いまの夫に「気付き」を向けたいものです。

渋谷昌三

著者略歴

渋谷 昌三（しぶや・しょうぞう）

1946年神奈川県生まれ。東京都立大学大学院心理学研究科博士課程修了。文学博士。山梨医科大学医学部教授、目白大学大学院心理学研究科及び社会学部教授を経て、現在、目白大学名誉教授。非言語コミュニケーションを基礎とした「空間行動学」という領域を開拓し、特にパーソナルスペースの研究で注目される。何気ないしぐさや行動から深層心理をさぐり、ビジネスから恋愛までさまざまな人間関係についてわかりやすく解説。主著に、『面白いほどよくわかる！　心理学』シリーズ（西東社）がある。「フラリーマン」は、著書『「上司が読める」と面白い』（新講社）の中で用いた造語。

フラリーマンの心理《しんり》を読《よ》む　帰《かえ》る夫《おっと》のつくりかた

印刷日　2018年6月15日
発行日　2018年6月30日

著　者　渋谷《しぶや》 昌三《しょうぞう》

発行人　黒川昭良

発行所　毎日新聞出版

〒102-0074　東京都千代田区九段南1-6-17　千代田会館５階
電話　営業本部　03-6265-6941
図書第一編集部　03-6265-6745

印刷・製本　中央精版印刷

ISBN978-4-620-32530-9